OHSAMA BUNKO

ちょっと「敏感な人」が気持ちよく生きる本

苑田純子
長沼睦雄[監修]

三笠書房

はじめに

「ささいなこと」が気になるときに

人付き合いで、しんどい思いを抱えている人がいます。

サークルや会社での**飲み会**や、**ママ友ランチ**に誘われると、気が重くなってしまう。あるいは、**パーティー**や**結婚式**など、人が多い場所に出かけると、疲れてしまう。

誰かに会った後でわけもなく落ち込んだり……。

ひどい時には頭痛や腹痛に襲われる人もいます。

私たちが人間関係から完全に解放されるのは、難しいものです。それだけに、人と関わるたびにつらい思いをしている人は、その苦手意識がどんどん強くなるばかりでしょう。

あげくには、「自分はどうしてこうなんだろう」と自信がなくなり、つい自分を責めてしまいます。


もしかしたら、そのような状態はただ**「敏感すぎる」**だけなのかもしれません。

世の中には、他の人に比べてひときわ敏感な人がいます。この気質を持つ人は、相手が何を考えているかや、その機嫌を敏感に察知し、応《こた》えようとするため、人付き合いが過度のストレスになりがちです。

こうした人は、人の気持ちだけではなく、**音や匂い、光**も敏感に感じ取ります。

人が集まる場所は、話し声や携帯の着信音がひっきりなしに鳴り響いていたり、香水や整髪料の匂いが混ざり合っていたりと、さまざまな刺激にあふれかえっています。ですから、「敏感すぎる人」がこうした場所が苦手なのも当然なのです。

実は私自身も、この「敏感すぎる人」です。

私も、人との会話やメール、電話のいちいちに疲れ、よく体調を崩していました。極度のストレスを抱え続けた結果、今まで平気だったことも受け付けなくなるほど過敏になってしまい、寝込んでばかりの生活を送っていたこともあります。

では、「敏感すぎる人」とは、具体的にはどのような人なのでしょうか。

この本では、心理学で「**ＨＳＰ**（ハイリー・センシティブ・パーソン＝Highly Sensitive Person）」という気質を持つ人を「敏感すぎる人」と呼んでいます。

この性質を持つ人は、少しでも自分に合わない環境にいると本来の調子が出せなくなり、心や体にさまざまなトラブルが起きてしまいます。でも、環境によって、よくなったり悪くなったりと不安定なところがあるということは、裏を返せば**少しの変化で飛びぬけてよくなる可能性も秘めている**ということです。

もし現在、私と同じように「敏感すぎる気質」に悩まされる毎日を送っていたとしても、**生きづらさを軽くする方法**があります。

数年後の自分自身の理想の姿をイメージしてみてください。さまざまな人と打ち解けて話す姿、トラブルも明るく笑い飛ばす姿、行ってみたかったいろいろなところに出かけて楽しんでいる姿……。

こうした**夢や希望を思い浮かべるワクワクした気持ち**が、その人をすばらしい未来へ導く原動力となります。しんどい時こそ、希望のタネをまいて育てることで、乗り越える力が培《つちか》えるのです。


本書では、「敏感すぎる人」が抱える悩みとその対処法を、主に人間関係についてまとめています。

今、この本を読んでいる方の中には、

「私は人付き合いが得意ではないけれど、敏感すぎるってほどではないかな」

「私は自分が敏感だなんて思ったことがない。むしろ反対かも」

などと感じている方もいるかもしれません。

本書のアドバイスは、「敏感すぎる」方でなくても、**自分の心をほんの少し軽くしたり、気持ちをラクにしたりするのに役に立つ**はずです。

また、もし家族や友人、同僚、ご近所など、周りに「敏感すぎる人」がいてどう接すればいいか迷っている人には、この本はとてもいいヒントになるでしょう。

本書では、「敏感すぎる人」が困りがちなことやつらく感じることに、どう対処していけばいいかをお伝えします。また、「敏感すぎる」からこそ、他の人とは違う力を発揮できる分野もあります。

そんな「埋もれている可能性」を見つけていきましょう。

苑田純子

Contents

1章

誰とも「無理のない」付き合い方をしてみませんか

――「心地いい距離感」は、きっとつくれる

2章

「心配事」が消える〝ちょっといいヒント〟

――「気になること」は、ひとつずつ減らしていける

あなたはこんな「敏感さん」？　人混みが苦手　92

3章

大切にしたい「自分のペース」

──「ひとりの時間」の活かし方

4章

「繊細さ」が活きる場はこんなにある

――自分がもっと輝ける「居場所」のつくり方

5章

「敏感な人」だけに見えている世界

——その感覚は「特別なプレゼント」

本文イラスト 野本雄一郎（killdisco）

序章

「敏感すぎる」って、どんなこと？

――「気がつきすぎる」「考えすぎる」のは、すてきなポイント

1 どこかを直すより、持てる力を活かす

ささいなことが気になる経験は誰にでもあります。

友達の電話の声がいつもとどこか違っていたとか、行きつけの店のパスタの味が、ほんの少し変わってしまったような気がするとか。たいていは、「ま、いっか」でさらりと流せるような、本当に小さな引っ掛かりです。

けれど中には「ささいな引っ掛かり」に強く気を取られる**「きわめて敏感な気質」**を持つ人々がいます。

「敏感すぎる人」はささいなことが気になりがち

たとえば、電話口の相手の声のトーンがいつもより少し硬かったとすれば、「もしかしたら、自分が電話口で何か失礼なことを言ってしまったせいで、相手が気を悪くしているのかもしれない」と気に病《や》み、そのことが頭から離れなくなってしまいます。

また、職場や教室で、周囲は気づきもしないような小さな音が気になって仕方がなくなってしまうこともあります。すると集中力が続かなくなり、仕事が大幅に遅れたり、授業で大切なことを聞き逃したりするのです。

さらに、人との行き違いや、仕事での

ちょっとしたミスなどをきっかけに、体調不良に陥ったり、心に傷を負ってしまう人もいます。

それは「心のアンテナ」が高性能すぎるから

こうした「困ったこと」が起こってしまうのは、**心に搭載されているアンテナが高性能すぎ**て、他の人は気づかないようなことまで拾い上げ、エラーが起きるからです。

そういう人は周囲から、「小さいことを気にしすぎだよ」とか、「神経質だ」と否定的なレッテルを貼られがちです。その結果、自分を「ダメな人間だ」と思い込んでしまうのです。

実は人間に限らず、多くの生物で、全体の約2割がこの「敏感すぎる気質」を持って生まれつくと言われています。

「敏感すぎる」ことは特別なことではなく、**5人に1人が持っている、ごく当た**

り前の気質なのです（39ページ）。

この章の最後に、「敏感度チェックリスト」があります（42ページ）。このリストで、自分が「敏感すぎる人」なのかどうかチェックしてみてください。

2 その「敏感さ」があなたを守る

「敏感すぎる人」、すなわちHSPは、アメリカの心理学者、エレイン・N・アーロン博士が1996年に提唱した概念です。

近年は研究が進み、**「敏感すぎる気質」は実は非常にすぐれた能力**であり、うまく付き合えれば人生に有益であることもわかってきました。

「うまく付き合う」ためには、「見方を変える」ことが大切です。視点を変えるとどうなるかがわかる、ある実験をご紹介しましょう。

「ストレスは体に悪い」と、よく言いますが、避けられないこともあります。そこで、**ストレスの受け止め方によって、体への影響を少なくすることはできないだろうか**、との考えから、カリフォルニア大学のウェンディ・メンデス教授とロチェスター大学のジェレミー・ジェイミソン准教授を中心とするチームにより、次のような実験が行なわれました[1]。

50人の被験者を3つのグループに分けて、ストレスを感じるような作業をいろいろとさせます。わざと不機嫌な顔をしている試験官たちの前で、996から7を引き続ける、というめんどうな計算をさせたり、自分の抱えている苦しみを思い出させるような記事を読ませたり、といったものです。

作業の前には、それぞれのグループに、次のような異なる説明をしました。

Aグループ「ストレスで緊張しても、実はそれはいいことなのですよ。酸素と血液が十分に脳へ運ばれるため、いい結果が出せます」

Bグループ「緊張しても、そんなことは無視して気にしないことです。神経質になりさえしなければ、うまくできます」

Cグループ　説明も助言もしない

そして、被験者たちがどのくらいのストレスを受けたのかを、テスト中の血圧や心電図の計測、テスト後のアンケート調査で調べました。

その結果、**もっともストレスが少なかったのがAグループ**でした。

ちょっとした「ストレス」は防げる

研究チームはこの結果について、こう推論しています。

「『あがってしまった。どうしよう』と焦《あせ》るのではなく、『気にしないようにしよう』と意識から追い払うのでもなく、『このドキドキにはこういういい面もある』と受け止め方を変えたことが、いい結果を導き出したのではないだろうか」

つまり、同じストレス下にあっても、**ストレスの受け止め方を少し変えるだけで十分に力を発揮できる**、というわけです。

実際、Aグループの学生たちは、説明を受けた後、ストレスを受けているにもかかわらず、心臓の血管が拡張し、血流がよくなったそうです。おそらく、血の巡《めぐ》りがよくなったことで脳に十分な酸素が送られて、好成績を残せたのでしょう。きらわれがちなストレスも、うまく付き合えれば、自分の能力を発揮するために利用することもできるようになります。

ストレスは味方にもなってくれるのです。

この実験が示しているのは、**見方を変えるだけで、同じ出来事に対して自分の心が抱く感情は百八十度変わる可能性がある、**ということです。

もし、この先、大きなストレスのかかる大変な状況に直面したとしたら、**「このストレスは私のために、絶対にプラスをもたらすものだ」**と、自分に言い聞かせるつもりで、試しに口にしてみてください。

少しでも心が軽くなると、目の前の困難に立ち向かう勇気が湧き、自分を奮い立たせることもできるようになるのです。

3 「敏感すぎる人」が持っているいいところ

日本でも、「敏感すぎる気質」への注目が高まりつつあります。

ただ、この気質とうまく付き合えている人は多くはありません。

それは、「敏感すぎる」ゆえの、さまざまな悩みや困りごとが、世の中にはたくさんあるためです。

でも、「敏感すぎる」ということは、大きな可能性を秘めています。ほとんどの人が、**その気質をまだ能力として活かしきれていない**のです。

人生が変わる「考え方」

物事の受け止め方は、人それぞれです。

もしお見合いをした男性が、とても緊張していたら、相手の女性はその様子を見てどう感じるでしょうか。

「頼りがいがなさそうな人」と評価を下げる人もいれば、「誠実な人だな」と好意的に受け止める人もいるでしょう。

19ページで挙げた電話の例も同じです。

電話の声の微妙な変化に気づく人は、相手のちょっとした声のとげに傷つくメンタルの弱さがあるかもしれませんが、同時に取引先のささいな心の動きを察知して、大きな売り上げを達成する可能性を持った人でもあります。

わずかな味の変化に気づける舌を持つ人は、家庭では「出された料理に細かいことばかり言う」と不評かもしれませんが、料理人としては最高の資質です。

起きた事実は同じでも、その事実をどう意味づけ、どう受け止めるかは、人それぞれ違っています。

もしも、今まではマイナスにしか受け止められなかったことの、別の面を見ることができるようになったらどうでしょうか？

たとえ状況が変わらなくても、**受け止め方が変われば、見える光景が変わってくる**かもしれません。あなた自身の力も、もっと発揮できるようになるはずです。

4 それは「思い込み」かもしれません

「敏感すぎる人」は、小さいことに気がつきすぎるあまり、周囲からは「神経質だ」などとマイナス評価を受けやすいものです。

そうしたマイナス評価が続くと、「自分はダメだ」と思い込みがちになります。

この**「思い込み」**というのは、実はやっかいな存在です。

特に「敏感すぎる人」は**自己暗示力**が強いので、ネガティブな思い込みは、心や体に大きなダメージを与えます。

けれど、ネガティブにとらえがちな「敏感すぎる気質」も、プラスに考えられるようになれば、自信につながります。

自分に自信を持てるようになると、先述のストレスに関する実験のように、たとえ大変な状況に置かれても、力を発揮できるようになります。

だから、私は「敏感すぎる人」に、自分自身のプラス面も知っていただきたいのです。それが、**ピンチの時には、きっとあなたを助けてくれるはず**だからです。

「今までと違う視点」で見てみると……

自己暗示力で心や体がいかに影響を受けるかは、スポーツ選手が自分の力を強く信じることで試合成績が上がるという報告(2)や、自己暗示が患者の治療にも応用(3)されていることからもわかります。

千葉大学名誉教授の、故・多湖輝《たごあきら》氏は「種々の神経症や、神経性胃炎、十二指腸潰瘍《かいよう》、気管支ぜんそく、偏頭痛《へんずつう》、不眠や恐怖症などの治療に効果が認められているばかりか、性格まで変えられる可能性がある」と指摘しています(4)。

その「敏感さ」は力になる!

自己暗示というのは、一種の催眠状態です。

スポーツ選手の成果を上げたり、病気の症状を緩和したりできるのは、催眠状態で脳の働きに変化が生じるからです。

催眠状態での脳の変化について、スタンフォード大学医学部のデイビット・スピーゲル教授らが報告しています[5]。

57人の被験者に、催眠状態を引き起こすメッセージを聞かせている時とそうでない時の脳の状態を検査したところ、**催眠状態の時には、通常では起きない明らかな脳の変化が確認された**のです。

自己暗示も一種の催眠状態ですから、脳に何らかの変化を起こす力があるのかもしれません。

私自身、自分のネガティブな思い込みに変化が起き始めた頃から、体の調子がどんどんよくなっていきました。

「敏感すぎる人」について学ぶうち、「敏感さ」を直そうとするより、活かしたほうがいいと思うようになりました。そこでいろいろ工夫し始めたところ、物事をスムーズに進められるようになったのです。

自分の気質を、今までとは違う視点で見るだけで、潜在能力が発揮できたのです。

5 なんでも背負っていませんか？

私自身のことを少しお話しします。

私は**人の苦しみや悩みに過敏に反応して、自分まで苦しくなってしまう**ことがよくありました。

困っている人を放っておけず、共感して苦しくなり、しまいには頭痛や吐き気を感じ始めることもありました。誰かに悩みや苦しみを打ち明けられると、動けなくなったり、ひどい時には数日寝込んだりしてしまうのです。

その頃、気をまぎらわせるためにしていたのが、大好きな洋画を観ることでした。

やがて洋画を字幕なしで観てみたい、できるものなら字幕を自分でもつくってみたいと思うようになり、私は意を決して、字幕翻訳の学校に通い始めました。

当時の私にとって、外に出るのは恐怖との闘いでした。でも、何とか学校に行き、課題をこなすうち、同じクラスの仲間と自主勉強会もできるようになりました。体調はよくなったり悪くなったりを繰り返しながらも、**少しずつですが前向きな気持ちが持てるようになった**のです。

結局、字幕翻訳者になることはなかったのですが、英語の書籍を読んでいたある日、「HSP」という言葉に出会いました。HSPの「共感しすぎて相手の苦しみや悩みといった負のエネルギーに翻弄《ほんろう》されてしまう」というのは、私が長年苦しんできた「敏感すぎる」特徴そのものだったのです。

この私の話を聞いて、

「私も人と会うと影響されやすいけど、寝込んでしまうほど敏感ではないな」

「確かに、私もちょっとしたことで具合が悪くなりがちだけど、人間関係はそこまで気にならない」

などと思った人もいるでしょう。

個人差がありますから、何にどこまで敏感かは人それぞれです。

ただ、中には、相手に共感するあまり、**自分自身のエネルギーを渡してまで相手を助けようとする人**もいます。無意識で行なっていることではありますが、敏感に相手の事情を汲《く》み取りすぎた結果かもしれません。

一方で、人のエネルギーを受け取る側の人は、**「エナジー・バンパイア」**と呼ばれています。

他人の血を吸って生きる「バンパイア」のように、「人のエネルギーを奪い取る」人をバンパイアにたとえて表現したものです。

「他人のエネルギーを取って自分で使う」という事例は論文でも報告されており(6)、ごく普通の日常生活で簡単に起きてしまうことなのです。

私の場合、相手を助けることで役に立ついい人だと思われたい、という無意識の思いが、助けてほしい人を引き寄せ、共依存《きょういぞん》のような関係になって、自分のエネルギーを相手に差し出していたのかもしれません。

✳ その「責任感」は手放していい

こうした状況に陥《おちい》ってしまうのは、「敏感すぎる人」に多く見られる**「責任感の強さ」**です。

共感力が高すぎる子供は、親が問題を抱えて苦しんでいると、その苦しみを敏感に察知します。それだけでなく、問題を解決するのが自分の責任だという気になり、親を何とか助けてあげようとするのです。

そうしているうちに、「人が苦しんでいれば手を差し伸べる」という無意識のクセを身に付けてしまいます。

高じてそれが周囲の他者の苦しみに対する強い責任感へと結びついていくので

す。

あるいは、親との関係で安心感や愛着を持てなかった子供が、周りに愛されようとして、周囲の期待に沿えるように振る舞い始め、周りの問題を自分の責任であるかのように抱え込み始めます。

こうした強すぎる責任感が、人のトラブルや不均衡を吸収する気質をつくり上げてしまうのです。

HSPを対象とした直観医療コンサルタントであるデイブ・マーコウィッツ氏は、水しか飲まなかったパーティーで酩酊《めいてい》し、千鳥足になった自身の経験をきっかけに、その仕組みと対処法を調べ、同じような症状で苦しむ人たちの相談に乗り始めました。

何千人ものコンサルティングの結果、わかったのは、人の問題を何とかしようとする**子供の頃からの責任感**を手放さない限り、周りの不調やトラブルを吸収するクセは治らないということでした。

オーストリアの心理学者、アルフレッド・アドラーが開いた「アドラー心理学」では、「責任感」について、次のような教えを残しています。

たくさんの問題を抱え込んでパンクしそうになったら、その悩みや問題が自分のものか、それとも他人のものかをしっかり見極め、人の課題まで抱え込んで悩まないようにするだけでも、ずいぶんラクになるというのです。**過剰な責任感を手放す**ことは、「敏感すぎる人」には特に大事なことなのです。

この章では、「敏感すぎる人」、HSPとはどういう人なのかを簡単に紹介しました。

次の章からは、「敏感すぎる人」がよく抱く具体的なお悩みをひとつずつ取り上げ、その原因や対処法を探っていきましょう。

Column

日本人には「敏感な人」が多い？

「HSP」の概念を提唱したアーロン博士（22ページ）は、人口の約2割の人がHSPだと唱《とな》えています。

アーロン博士が算出したこの数字は、米国ユニス・ケネディ・シュライバー国立小児保健・人間発達研究所のステファン・スオミ博士のアカゲザルの研究結果(7)や、発達心理学の権威であるハーバード大学のジェローム・ケーガン名誉教授の15年にわたる幼児研究(8)をもとにしています。どちらも著名な研究者の非常にしっかりした研究で、信頼度も高いものです。

ただ、これらはいずれも北米の研究結果です。

デンマークでは、HSPは全人口の2割を超えるという報告もあります(9)。もしかすると国民性の違いによって、敏感すぎる人の割合にも差があるのかもしれません。

日本人にはHSPが多いのではないかということを示す、あるデータがあるのでご紹介しましょう。

「敏感すぎる人」に特有の脳の働きには、ある遺伝子が関わっています。

「**セロトニン**」という脳内物質の名前をどこかで聞いたことはありませんか。

これは、俗に「**幸せホルモン**」とも呼ばれています。セロトニンには、心のバランスを整え、安定させる役割があるのですが、そのセロトニンの量が適切に保たれるようにサポートしている遺伝子があります。その遺伝子を、**セロトニン運搬遺伝子**といいます。

セロトニン運搬遺伝子には、S型とL型があり、S型は、「敏感すぎる人」の「情報を人より強く深く処理する」という脳の働きに関わっていることがわかっています。そして、ほとんどのHSPがこのS型遺伝子を持っているのです。

実は、このS型の遺伝子は、白人に比べると日本人に圧倒的に多いというデータが出ています。遺伝子の組み合わせには、SS型、SL型、LL型の3種類があるのですが、S型の特徴が強いSS型を持つ人は、白人で19%[10]なのに対し、日本人では65%[11]と3倍以上なのです。

こうしたことを考えると、**日本でのHSPの割合は2割を超える**のではないか、と思えてきます。

うつやメンタル不調の改善セラピストである、日本メンタル再生研究所所長の山本潤一氏も、「日本人にはHSPが多いのではないか」と推察しています。[12]

ただ、近年、HSPが生まれる仕組みには、S型遺伝子だけでなく、ドーパミンも関わっていることがわかってきました。[13] ドーパミンとは、脳から分泌される神経伝達物質の一種で、「やる気」を引き出す効果があると言われています。ですから、単純にS型遺伝子の割合だけで、日本でのHSP人口を推しはかることはできません。今後の研究の進展が待たれるところです。

- □ いい加減に物事を片づけることはなく、
注意を払って丁寧に取り組む

- □ ビクッとしやすい（誰かがちょっと大きな声を出したなど、周りの人が驚かないような時でも反応してしまう）

- □ 短期間に片づけなくてはいけないことが多すぎると、あわててしまう

- □ あれこれ一気に頼まれると、余裕がなくなってイライラしてしまう

- □ 人が物理的な環境（電灯の明るさや席の位置など）で落ち着かない思いをしている時、どうしたら心地よくなるか、気づくタイプだ

- □ ミスや忘れ物がないように、常に気をつけている

- □ 暴力的な映画やテレビ番組は、
なるべく見ないようにしている

- □ 身の周りでいろいろなことが次々起きると、
神経が高ぶって嫌な気持ちになる
（刺激が多すぎると余裕がなくなる）

- □ 空腹だと集中力を欠いたり気分が乱れたりしがちだ

☑ いまの「敏感度」チェック

次の項目の中で、あなたに当てはまるものを選んでください。

- □ 身の周りの微妙な変化に結構気づくほうだ
- □ 周りの人の気分に、左右されやすい
- □ 痛みに敏感でガマンできないほうだ
- □ バタバタした日が続くと、ひとりきりになれる場所に逃げ込みたくなる
- □ カフェインの影響を受けやすい（摂ると眠れなかったり体調を崩したりする）
- □ 明るい光や強い匂い、肌触りの悪い服などは苦手だ
- □ 騒音や大きな音にはイライラする
- □ 自分の心の内面は、人よりも豊かで繊細だと思う
- □ 本や映画、音楽や写真などに深く感動することが多い

- [ ] 生活のパターンが変化すると、
不安になる（引っ越し、転校、転勤、結婚など）

- [ ] 香りや味、音や色など、微妙で繊細な違いに
よく気づく

- [ ] 動揺するような状況はなるべく避けて生活している

- [ ] 人と競争させられたり、近くで見られたりしていると、
緊張して普段の実力が出せなくなる

- [ ] 子供の頃、「敏感だ」とか「内気だ」と、
周囲の大人から思われていた

23項目のうち、チェックがついたのはいくつでしょうか？

12項目以上当てはまれば、あなたは敏感なＨＳＰ気質でしょう。

ただし、この結果でその人の性質がすべてわかるわけではありません。その日の気分で結果は変わってきますので、あくまでも「敏感傾向を知るためのヒント」だと思ってください。

1章

誰とも「無理のない」付き合い方をしてみませんか

――「心地いい距離感」は、きっとつくれる

あなたは
こんな
「敏感さん」？

人の感情に影響を受けやすい

家族や上司、同僚がイライラしていると、自分まで気分が悪くなってくる――。その程度のことなら、誰でも経験があるでしょう。ただ、敏感な人の場合は、「相手のイライラが移った」とか、「こちらまで悲しくなった」という程度ではおさまらないかもしれません。

「敏感すぎる人」は、**誰かに会った後で、わけもなく落ち込んだり、体調を崩したり**してしまうことがあります。ひときわ敏感な人なら、寝込んでしまうなど、日常生活に支障をきたすこともあるかもしれません。

愚痴《ぐち》を言う人と一緒に過ごそうものなら、のどがイガイガし始めて、まるで風《か》邪《ぜ》でも引いたかのようになり、しまいには熱まで出てくる人もいます。相手が怒りや嫉妬《しっと》などの攻撃的な思いを持っているだけで、体が金縛《かなしば》りのように固まって動けなくなる人もいます。

こんな風に、人と接するたびにつらい思いをしていれば、人間関係に苦手意識を持ってしまうのも無理はありません。しかし、

「さすがに、人と会うだけで起き上がれなくなったりはしないよ」

という人もいるでしょう。

でも、大なり小なり、**周囲の人の気分屋なふるまいに振り回されて**苦しい思いをしたことのある方は多いのではないでしょうか。

「上司がイライラしていて、自分が怒られているわけではないのに逃げ出したい気持ちになった」

といったようなことは、たくさんの方が経験していると思います。

こうした**他人に影響されやすい心**と、どのように付き合っていけばいいのでしょうか。

1 相手の「心」と距離を取るには

人には**「人との心の距離」**が近いタイプと遠いタイプがいます。

人との心の距離が近いタイプの人は、相手と自分の心の境目をほとんど感じないほど、他人のことがよくわかる場合がよくあります。

これは子育てをしたことのある方には覚えのある感覚かもしれません。赤ちゃんのちょっとした泣き方の違いで、

「ああ、お腹が空《す》いたんだな」

「寂しくて甘えたいのね」
などと、何となく見当がつくことがあります。こうした感覚は生き物の本能に備わる大事な仕組みなのでしょう。

このように、他者との心の距離が近いタイプは、相手の心の動きによく気づくので、いいコミュニケーションが取れたり、相手が求めるサポートを的確に与えたりできます。

相手に共感できることで好意も引き出せますし、絆《きずな》も深めやすくなりますから、対人関係を円滑に進める上では貴重な能力と言えます。

ただ、それをうまく使いこなせないと、他人と関わるたびに相手に振り回されるような感覚を強く味わい、人間関係に苦手意識を抱いていくのです。

このような人との心の距離を、心理学用語では**「精神的境界性⒁」**と呼びます。

他人に振り回されがちな人は、この「人との心の距離」が近いのです。

そこで必要になってくるのが、**健全な境界を人との間に築く**ことです。こうした人たちは他者との心の距離、つまり境界があいまいなことから共感力が高すぎてしまい、他人の心や体のトラブルの影響まで受けてしまうからです。

では、どうすれば「健全な境界」を築くことができるのでしょうか。

そんなにやさしくなくても、大丈夫

「人との心の距離が近い人」に共通しているのが**「やさしすぎる」**ことです。やさしすぎるあまり、困っている人がいるといち早く気づき、すぐに手を差し伸べます。これはすばらしい気質ではありますが、かえって自分自身は疲れはててしまうことがあります。

飛行機に搭乗すると、離陸前の安全ビデオで**「万一の際はまず自分が酸素マス**

クをつけた上で、小さい子供や周りを助けるように」という案内があります。

それと同じように、誰かに手を差し伸べる際は、まず**自分がしっかり安全確保をしておかないと、共倒れになってしまう**のです。

自分のためにも相手のためにも、手助けは自分がしんどくならない範囲にとどめましょう。

カリフォルニア大学ロサンゼルス校の精神科医、ジュディス・オルロフ氏は、身を守るためのある言葉を紹介しています。

それは、**「人の痛みや苦しみを引き受けるのは私の仕事ではない」**というものです。「この苦しみは私のものではない」とはっきり言葉にすることで、境界を強く意識できます。

「敏感すぎる人」は他者に共感しやすく、悩みや苦しみから解放してあげようとしがちです。そのせいで、自分まで苦しくなったり体調を壊《こわ》したりしてしまうのです。

ですが、忘れないでほしいのが、**「人は変えられないから、自分を変えよう」**という考え方です。

人の状況を変えてあげるのではなく、自分を整えることにあなたのエネルギーを使うのです。自分が気持ちよく日々を過ごせるようになれば、周りにも「いいエネルギー」が共鳴して、他の人たちの状態も自然と好転していきます。

自然体で生きている人のそばにいるだけで、肩の荷がおりたようなラクな気分になることがありませんか？　そういう手助けの方法もあるのです。

苦しんでいる相手の問題を引き受けてあげれば、相手はラクになって喜ぶかもしれません。けれどそれは一時のことにすぎず、当事者本人が苦しみの原因を解決できないままでは、同じことが繰り返されるのです。

悩みの解決は、その人自ら行なうことが必要なのだと考えましょう。

私自身、こうしたことを自分に言い聞かせながら、人との関わり方を学んでいる最中です。そうして自分のクセやパターンと向き合って、試行錯誤しながら歩いていこう、とゆったり受け止めてもいます。

絆やつながりを意識しすぎて窮屈《きゅうくつ》さを感じる必要はありません。わざわざ心に無理をさせて人とつながっても、自分がつらくなるばかりです。

ほどほどに、気持ちのよい距離を保った付き合いをしていけばいいのです。

2 「共感力」の上手な使い方

周囲の感情に左右されてしまう人の特徴のひとつに**「共感力が高すぎる」**ということがあります。

この「共感力が高すぎる」とはどういうことでしょうか。

たとえば、すご腕のカウンセラーや治療家の中には、患者の不調を自分で感じ取ることで、どこがどう悪いのかを見抜ける人がいます。患者が何も言わないうちから患部に手を当てて、「ここが数日前からひどく痛みませんか」などと指摘できる人もいます。

実はこれは超能力や神通力などではなく、れっきとした脳の働きなのです。

人の脳には**「ミラーニューロン」**という神経があり、鏡のように相手の行動を写しとる働きがあります。

その結果、相手を真似て、自分もまるで同じような状態になったかのように、脳が反応してしまうのです。

相手が怒っていると自分も攻撃的になり、相手の腰が痛めば、自分も腰に異変を感じる――。ミラーニューロンの働きが強いと、そういうことも起こります。

アメリカのアーロン博士は、「敏感すぎる人」はミラーニューロンの働きが他の人より強く、共感力が高いのだと唱えています。他の人より共感に関する脳の部位の活動が強いという実験結果もあります(15)。

太古の昔から、人類は自然の脅威に対し、集団で助け合うことで生き延びてきました。

そこで互いの感情や考えをわかり合うために、対人関係の回路がけた違いに過敏なタイプ、つまり「敏感すぎる人」が出てきたのでしょう。

相手の気持ちや意図をすばやくつかみ、仲間同士の協力をスムーズに進めたり、敵意を敏感に察知してすばやく対処するための生存戦略です。**共感力が高すぎることは本来はプラスの能力**なのです。

そのドキドキ、どうすればいい?

では、誰もが同じように持っているミラーニューロンで、なぜ人の痛みや不調まで感じ取ってしまう人がいるのでしょうか。

実はこのメカニズムが働くと、自分の身体内部の反応まで引き起こされることがわかっています。**人の体感を自分のことのように感じる**わけです[16]。

ただ、それを感じ取れる人は少数派。自分の身体内部の反応を鋭敏にキャッチできる人だけです。

つまり、**人の影響を受けやすい人というのは、「身体感覚が敏感な人」**なのです。

人の感情に影響され、同じような気持ちになることを、社会心理学では**「情動《じょうどう》伝染《でんせん》」**と呼んでいます。

私がお話を聞いた「敏感な人」には、スーパーで買い物中に、泣いている我が子に声を荒げる親の姿を目にして、グッタリしてしまったという人もいました。通りすがりの赤の他人であっても、強い感情が発されていると、大きな影響を受けてしまうのです。

情動伝染で周りに影響されやすいのは、「敏感すぎる人」の大きな特徴です。(17)

もし、あなたが「会社に行くと心が乱れやすくなる」と感じているなら、それは激務やストレスのせいではないかもしれません。もしかしたら、その心の乱れは、**ただ他の人の感情を吸い取ってしまっているだけ**かもしれないのです。

3 「敏感さ」はどこから来ているか

なぜ周りに影響されやすい人とそうでない人がいるのでしょうか。
その秘密は、実は**遺伝子**にあります。

脳内物質のひとつである「幸せホルモン」とも呼ばれる**セロトニン**。
このセロトニンが少ないと、人は不安を感じやすくなります。そこで、セロトニンが不足しないように調整係をしているのが、前出のセロトニン運搬遺伝子（40ページ）です。

この遺伝子は、脳細胞の周辺から、余分なセロトニンを運搬し、脳に再び取り込む役割を果たしています。こうして、脳にセロトニンが十分行き渡るようにしているわけです。

ところが、セロトニン運搬遺伝子のS型は、セロトニンの再吸収力が弱いのです。その結果、脳内のセロトニン量が不足しがちです。だからS型を持つ人は、L型の人より不安が強いと言われています[18]。

ほとんどのHSPがこのS型遺伝子を持っていることは40ページでお伝えした通りです。

環境が「敏感さ」をつくっている

このS型遺伝子は、**環境に左右されやすい遺伝子**だということがわかっています[19]。

厳しい環境にさらされるとダメージを強く受けてしまう一方で、いい環境に身を置けば、学校での成績や仕事の成果が人一倍よくなるのです。

くわしい仕組みについてはまだ研究段階にありますが、**この遺伝子のスイッチがオンになる条件に、「環境」がある**のではないか、と考えられています。

たとえて言えば、何かの病気のタネを抱えている人が、不衛生な環境や負担が強《し》いられる環境に身を置いたことがきっかけで発症してしまうようなものです。自分の置かれた環境によって、もともと持っている遺伝子の性質が現われてくる、ということです。

ですが、反対に言えば、**よい環境に身を置き続けていれば、この遺伝子の性質が現われることはありません。**

S型遺伝子を持っていたとしても、環境に左右されて、苦しむ人生を送らずにすむのです。

S型遺伝子を持つ人には特殊な脳の働きがあります。

それは、「**SPS**＝Sensory Processing Sensitivity（**感覚処理感受性**）」という、

情報を人より強く深く処理する傾向です[20]。

この傾向を持つ人は、相手のちょっとした表情や声のトーンを読み取り、相手が落ち込んでいることをすばやく見抜きます。

前出のアーロン博士は、HSPが「敏感すぎる」のは、このSPSの働きによると説いています[15]。

かすかな異変や、ささいな変化を見逃さないことで、危険をすばやく察知できる「敏感すぎる人」の能力は、この特殊な脳の働きから来ているのです。

もし「敏感すぎる人」が荒れた環境の職場にいれば、そのすさんだ雰囲気に圧倒されてしまうでしょう。脳がネガティブな情報を適当に流すことができず、逐《ちく》一《いち》チェックし続け、危険に対処すべく心も体も頑張り続けてしまうからです。

逆に、落ち着いた環境の職場で働いていれば、持てる力を人一倍発揮し、すばらしい成果をおさめるでしょう。

ですから、「敏感すぎる人」には**環境を選ぶことがとても大切**なのです。

とはいえ、「環境を変える」と一口に言っても、そう簡単なことではありません。仕事を変えたり、学校を移ったりするのは、一人でできることではないでしょう。

ですが、環境を変えるのが難しい時には、「ちょっとした考え方のコツ」で、心を整えることができます。次ページから、その方法をご紹介しましょう。

4 試してみたい「観察モード法」

人が苦しんだり、悲しんだり、怒ったりしていると、「敏感すぎる人」はその様子を見聞きするだけで、一つひとつに強く反応し疲れてしまいます。そんなことが毎日のように続けば、不調に見舞われてもおかしくありません。

ですが、この「不調」は、**脳の働きによって立て直す**ことができます。

脳には、新しい回路をつくったり、すでにある回路を強めたり、逆に弱めたりできる学習能力があります。

脳の回路を道にたとえてみましょう。

野原に人がたくさん行き交《か》うようになると、草が生えていたところに道ができ始めます。さらに通行量が増えれば、道も拡張されて広くなります。

一方で、人通りが絶えれば、草が元の通りに生え始め、道は自然と消えていきます。

脳の回路も同じです。よく使われる回路は強化され、逆に使わなくなった回路は閉じていくのです。

刺激を受けてもそれに反応せず、神経細胞が情報伝達をしないでいると、伝達に使われていた回路が閉じていきます(21)。つまり、何か刺激を受けたり、強い感情が湧いてきたりしても、それにとらわれないでいると、**連絡路が退化していって、刺激や感情に翻弄されにくくなる**、というわけです。

この脳の働きを活用したのが**「観察モード法」**です。

「目の前で起こっているのは、ドラマの出来事」

「観察モード法」についてくわしくお話しする前に、まずある実験をご紹介しましょう。

人が他人にどれだけ感情移入するかを調べる実験がハワイ大学で行なわれました。(22) 学生たちを集め、嬉《うれ》しい体験と悲しい体験を語る人々の映像を両方見せる、というものです。その際、学生たちを4つのグループに分け、それぞれ異なる指示を与えました。

①映像の中の語り手が、どんな気持ちでいるのか、汲み取りながら見る（ただし、「相手は相手で、自分とは違う」と境界を引いておく）
②映像の中の語り手になりきって見る（相手と一体化する）
③ただ、それを観察しているという意識で見る（相手の気持ちも汲まず、相手の

立場にも立たない）

④特に指示なし

実験の間、映像を見ている学生たちの表情は記録され、実験後には視聴中の感情の動きを調べるアンケート調査が行なわれました。

その結果、感情移入がもっとも少なかったのは、③の「観察している意識で見る」グループだったのです。

この実験は、ネガティブな情報にさらされている時、自分まで引きずられないようにするにはどうすればいいかを示しています。

ネガティブな環境に身を置かざるを得ない時には、**「観察者の視点」に立って距離を置き、一体化を防ぐ**ことで身を守ることができます。

それでも、不機嫌な人の近くにいなければいけない時や、つらい状況に身を置かなければいけない時はあると思います。

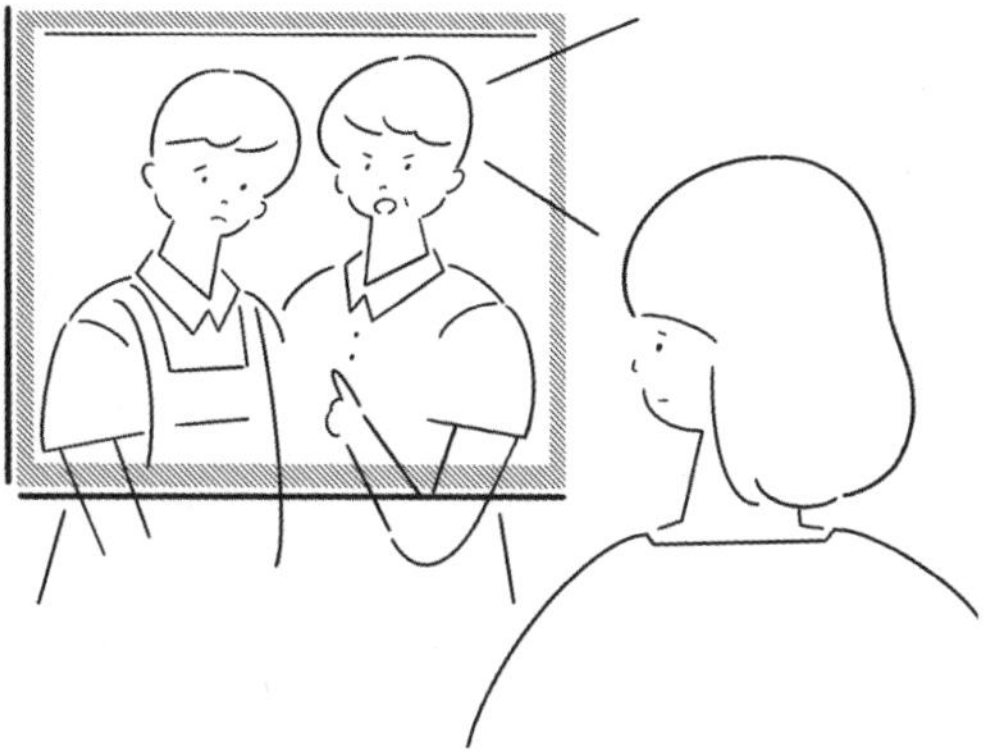

「この出来事は、ドラマの中のこと」と思う

そんな時、イメージしてほしいのは、「今、私はドラマを見ている」と思うことです。

「目の前で起こっていることは、ドラマの中のことだ」と心の中で唱えるのです。

すると、一歩引いた立場から、冷静にその場を把握することができると思います。これが**「観察モード法」**です。

ちなみにこの方法は、セラピストの燃え尽き症候群予防法としても期待されています。

セラピストは、人の悩みを聞いているうち、その悩みに共感しすぎて自分まで悲しみや怒りに浸《ひた》ってしまうことがあります。そんな時、この「観察モード法」はとても有効です。

セラピストが一歩引いて「観察者」の立場になることで、クライアントとの間にいい関係が築ける可能性があると考えられています。

「観察しているという意識」で話を聞くことは、自分を守りながら、周囲との関係も保てる優れた方法なのです。

5 「考えすぎ」から脱け出す小さなコツ

前項でお話しした「観察モード法」を使うと、ストレスに対する体の反応を和《やわ》らげたり、ネガティブな考えや感情をコントロールしたりできるようになります(23)。

「今の現実をありのままにただ見る」だけで、不思議と悩みに振り回されなくなっていくのです。

また、現実を「観察」することで、その現実に自分の勝手な判断や思い込みを付け加えないですみます。

たとえば、街中で親しい友人を見かけたとします。あなたは嬉しくなって声をかけます。ですが、その友人はこちらには目もくれず、立ち去ってしまいました。

こんな時、あなたはどう思うでしょうか。**「避けられているのかな」**と思い、**「もしかして、この前会った時、私のあの言葉で気を悪くしたのかな」**とさまざまに思いを巡らせて傷ついたり、疲れたりしてしまった、という経験に思い当たりはありませんか。

でも、友人が返事をしなかったのは、ただ単に雑音にまぎれてあなたの声が聞こえなかったからかもしれません。考えごとに気を取られていたのかもしれません。「避けられている」というのは、**あなたの思い込みの判断**にすぎないのです。

他にも、「敏感すぎる人」は、残酷な事件のニュースを聞いたり、地震や津波、台風などの災害の映像を見たりしただけで、自分がまるで被害を受けた当事者であるかのような強い感情が湧き上がり、動揺のあまり夜眠れなくなることも少なくありません。

そんな時も観察モード法を使って、刺激に翻弄されない安定した心を保てるようにしておきましょう。ただ、「起きたこと」として事実だけを見つめるようにするのです。

トラブルに見舞われても落ち着いてさえいれば、そこから抜け出す方法もはっきり見えてくるようになります。あなたが淡々《たんたん》と対処していれば、周りの人々にも冷静さが伝わるのです。

クスリのいらない「痛み止め」

「観察モード法」によって、**体の痛みや不調を軽くする**こともできます。

体のどこかが痛いと、どうしてもそのことが気になってしまうものです。腰が痛くて仕事に集中できなかったり、腹痛が気になって会話が頭に入ってこなかったり……。痛みは意識すればさらに増すものなので、気にするほど、どんどんつらくなってしまいます。

ですが、頭痛を我慢して、楽しみにしていたコンサートに出かけたら、公演の間は痛みを忘れていた、というようなことはありませんか。

お話ししたように、以前私がよく寝込んでいた頃、映画鑑賞に没頭している間は不思議と不調が軽くなりました。痛みや不調から意識をそらすことで、痛みをコントロールできたわけです。

まずは、自分の痛みや不調から、ちょっと意識を外してみましょう。

「痛いと感じている別人格が私の中にいる」と考えてみるのです。**痛がっているのは自分じゃないよ**、という感じです。

他人事のように痛みを観察することで、少し痛みと距離を置き、一体化を避けるのです。

このテクニックはさまざまな場面で応用できます。人と会ったりメールや電話をした後で体調が悪くなった場合、「この状態は自分のものではない」と切り離し、受け入れないようにします。

のどがイガイガした時「寒かったから風邪でも引いたのかな」と考えたり、鼻がムズムズした時「もうそろそろ花粉の時期だから鼻がおかしいのかな」などと自分の判断を加えたりせず、ただその感覚を観察してみてください。

第三者の視点から観察することで、自分とその感覚との間に「すきま」が生まれ、その感覚を自分のものとしてしまう「一体化」を防ぎます。

その結果、症状が治まったなら、それは自分のものではなかったと結論づけられます。練習するうちにだんだんと感覚がつかめるようになりますから、疲れやすい人や原因不明の不調に苦しんでいる人は、試してみてください。

環境は変えられなくても、考え方は変えられる

この方法は**「マインドフルネス」**と呼ばれるものです。

マインドフルネスとは、一言で言えば、「ただ今に在《あ》る」こと。専門家の言葉を借りれば、「意図的に、今この瞬間に、価値判断をすることなく注意を向ける

こと[24]」です。先ほどの例で言えば、「イガイガするのど」や「ムズムズする鼻」にだけ注意を向け、「風邪」や「花粉症」といった判断をつけ加えないでおくわけです。

自分の注意を向けるものを意識してコントロールするためには、**「マインドフルネス瞑想《めいそう》」**と呼ばれる方法を行ないます。これによって、痛みに感じる苦痛が小さくなったことが報告されています[25]。さらに、慢性的な痛み[26]や腰痛、リウマチ性関節炎、偏頭痛、肥満、皮膚疾患《しっかん》、慢性疲労症候群、ホットフラッシュ、てんかん、切迫性尿失禁などにも効果が認められています[27]。

ＨＳＰを被験者としてマインドフルネス瞑想の効果を実証した実験もあります[28]。1日45分の瞑想を、運動も併用しながら、週6日、計8週、被験者に続けてもらいました。

その結果、ＨＳＰのストレスや不安症、強すぎる共感、自己否定などが軽減できたと報告されています。

オックスフォード大学感情神経学センターのエレーヌ・フォックス教授は次のようにアドバイスしています。

「遺伝子は変えられない。かといって環境を変えるのもそう簡単ではない。ならば認知の仕方、**つまり物事をどうとらえるか、を変えればいい**のです[29]」

次の項で、この「マインドフルネス瞑想」のくわしいやり方を見ていきましょう。

6 1日10分！マインドフルネスの楽しみ

マインドフルネス瞑想にはいろいろな方法があります。

その中でも、一番簡単なものをご紹介しましょう。(30)

これを**1日10分**だけでいいので、続けてみてください。2〜3か月もすれば、心と体に変化が現われるはずです。

①**座る**（椅子に座っても、床であぐらをかいても、お好きな座り方で）

②**呼吸に意識を向けて観察する**（息を吸う時の冷たく乾いた空気や、吐く時の温

かく湿った空気を感じたり、胸やお腹のふくらみ、へこみを感じたりする）

たったこれだけです。エレーヌ・フォックス教授は、「1日10分行なえば、8〜9週で脳が変わり始める」と言います。

この瞑想をやってみて、数か月後に自分の物事に対する見方がどう変わっているか、脳の変化を体験してみてください。

とても簡単ですが、ひとつだけ気をつけてほしいことがあります。

それは、**雑念まみれにならないようにする**、ということ。始めてみると、座って呼吸に意識を向けているつもりが、ついつい仕事の締め切りのことが気になり出したり、夕飯のメニューを考え始めたりしてしまうものです。

ですが、もしそうなってしまっても、無理やり考えるのを止めようとする必要はありません。

雑念が起きたら、その**「雑念にまみれている自分」**をただ**観察**してください。

「同僚の悪口を気にし始めたな」「お腹が空《す》いて、気が散ってきたみたいだな」といったように、雑念を追い払おうとせず、いったん受け止めます。67ページの「観察モード法」で自分の頭の中の雑念を客観視するのです。

雑念を「観察」できるようになったら、静かに手放していきましょう。**「雑念がゆったりと川に流れていく感じ」**をイメージすると効果的です。

どうしても消えずに繰り返し頭に浮かぶようなら、何度でも、「受け止めて手放す」ことを繰り返せばいいのです。

「頭に浮かぶ→流す」「頭に浮かぶ→流す」を淡々と繰り返すわけです。

水が苦手な人だったら、きれいな草原で、雑念を風船に詰め込んで大空へ飛ばし去る様子をイメージしてみるのもいいでしょう。

この繰り返しによって、自分の思考と感情の間に**「すきま」**が生まれてきます。すると自分の考えと感情が直結しなくなり、感情が乱されることが減っていくのです。

瞑想が終わり、心が静かになったら、**あなたの不安や恐れは少し小さくなって**

いるかもしれません。

瞑想をする場所は、ゆっくりできる、好きな場所を選んでください。

いろいろな方に「お気に入りの場所」を聞いてみると、毎朝、窓辺で短時間の瞑想を行なっている人、ランチの後、近くの公園で軽く瞑想している人や、寝る前に布団やベッドの中で横になったまま瞑想することを、儀式のように習慣にしている人もいます。いつのまにか寝てしまうこともあるそうです。

やり方も、場所も、あれこれ試しながら自分に合う方法を探してみてください。

もう、何かひとつにとらわれなくなる

アメリカでは、約40年にわたって、瞑想が健康法として活用されてきています。(31)

先述のとおり、脳は新しい回路をつくったり、すでにある回路を強めたり、逆に弱めたりできます（64ページ）。ストレスを脳に伝える回路をつくらないようにし、すでにある回路も閉じてしまうことができるのが、瞑想なのです。

神経心理学者のリック・ハンソン博士と、脳神経科医のリチャード・メンディウス博士も、共著『ブッダの脳』（草思社）の中にこう著《あらわ》しています。

「気を散らす考えが出てきたら、初期のうちに撃退し、呼吸に注意を戻してもらいたい。そうすれば、新たな神経の結合が完璧に形成される前に壊すことができる」

瞑想をすることで、ひとつの思考にとらわれることがなくなり、マイナス思考の回路ができるのを防ぐことができるのです。

7 動じない自分になれる「瞑想」の効果

私は、瞑想を続けてしばらくした頃から、**以前ならアタフタしたようなことに平然としていられる**場面が増えてきました。イライラした人や怒っている人がそばにいても、つられてドキドキすることが減ってきました。

店などで大声で怒鳴《どな》り散らしている人がいても、何だかボリュームを下げたような音量にしか聞こえず、ほとんど気にならなかったのです。

これは、気を散らす刺激を防ぎ、心が穏《おだ》やかになると、リラックスに欠かせない副交感神経の働きがよくなるからです。するとストレスにさらされても、心身へのダメージは徐々に小さくなっていくのです。

「小さな変化」を積み重ねていこう

瞑想を数か月続けたら、まずはちょっとしたことから、**ネガティブ思考のクセがどう変化しているか**確認してみましょう。

たとえば、飲食店で食事を注文した際、「お飲み物はいかがでしょうか」と聞かれて「水でけっこうです」と言えず、何か飲み物を頼んでしまう、というお話を聞きます。また、食後にお茶や水のおかわりを注《そそ》がれると、会計をうながされているように思えて居づらくなり、もうちょっとゆっくりしたかったのに、そそくさと席を立った、というのもよくある話です。

瞑想で脳の回路が変わった後なら、こんなちょっとしたことは気にならなくなっているかもしれません。お水のおかわりを注がれても、にっこり笑って「ありがとうございます」と言ってすませられるのです。

このように、きっと何らかの変化が起き始めているはずです。

小さな変化が感じられると、瞑想を続けるのも楽しくなるでしょう。

そうなったら、次の段階として、もう少しやっかいな問題に対する自分の受け止め方が変わっているかを確認してみましょう。

たとえば、メールの返事がなかなか来なかったり、LINEが「既読」になっているのにスルーされたりすると、きらわれたのではないかと落ち着かなくなる。飲み会に誘われるとおっくうなのに、誘われないと何だか仲間外れにされた気がして落ち込んでしまう。

こうしたことに、相変わらず心が疲労していたとしても、**その期間がこれまでより短くなり、あまり長い間クヨクヨしなくなる**かもしれません。もしかしたらそれくらいではダメージ自体を受けないように変化しているかもしれません。

長年抱えてきた大きな悩みがすっかり軽くなるには何年もかかることもありますが、脳には柔軟性があるから大丈夫。長い目で効果を確認してみてください。

8 簡単にできる「自分メンテナンス」

1日10分の瞑想で**「自分をメンテナンスする時間」**が少しでもとれるようになると、クヨクヨ悩む時間が減り、集中力が上がって物事がはかどります。

忙しくて「10分は大変」という方もいるかもしれませんが、効率が上がれば10分は簡単に生み出せます。決して難しくはありません。

けれど、もしどうしても時間がとれなければ、3～5分でもかまいません。まずは集中してみましょう。

ただ、それでも忙しくて続けられない、という人や「10分もただじっと座っていられるか自信がない」「布団やベッドの中で瞑想しようとしてもすぐ寝てしまう」という人には、次のようなお手軽な方法もあります。

①「今に集中!」瞑想

お風呂に入る、トイレに行く、歯を磨くなどの**日常の行動を、慣れや習慣でやってしまわずに一つひとつ集中しながら行なう**ものです。

大げさに言えば、**「今、目の前でやっていることこそが人生の最大の目的」**という意識でお風呂に入ったりトイレに行ったりするわけです。

実際にやってみると、普段自分がどれだけ機械的に物事をこなしているかがわかります。お風呂でくつろいでいるつもりでも、入浴後にやらなければならないことをあれこれ考えていたり、その日にあった嫌なことを思い出して不快な気持ちになったりして、心からくつろげていない人もいるでしょう。

そういう時は、お湯の肌触りや、温かさ、湯気を吸う感覚などをゆっくり味わってみてください。歯を磨く時も一本一本の歯をブラッシングするつもりで、ていねいに磨いてみてください。

きっと、あっという間に時間が経《た》っているはずです。その時間のあなたの脳は、瞑想に近い状態になっているのです。

②「歩きながら」瞑想

通学や通勤、買い物などで歩いている時に、学校や会社や用事のことはいったん忘れて、**ただ足の感覚や体の動きに意識を向けます。**

考えごとやスマホを使いながらの「ながら歩き」はせず、歩いている時に感じる体の感覚にしっかり意識を向けるのです。

③食べる瞑想

食事の時には、いきなり食べ始めるのではなく、**まず料理を観察**します。色や形、匂い、手で食べるものは、指で感触も確かめます。

それから食べ物を口に入れ、口の中の感覚を確かめ、意識してゆっくり噛《か》んで、

「今に集中！」で気が散るのを防ぐ

よく味わってから飲み込みます。食べている時に五感を存分に活動させるのです。そうして自分の「今」の感覚に意識を集中させていれば、瞑想と同じ効果が得られます。

こうしたやり方は、自己流にアレンジもできます。

何をしている時であっても、**「今に集中！」**と心の中で念じ、今やっていることに全神経を向けてみるだけでいいのです。

やらなくてはならないことがあるのに、どうしても他のことが気になって気が散ってしまう場合は、**「順番にひとつずつ」と自分に言い聞かせてみる**と、焦る気持ちが和らぎ、ミスも防げます。

ある人は、やることが多い時には、**「これは明日の自分に任せよう」**と自分に言い聞かせているそうです。今、目の前にあることに集中し、他のものに気をとらわれないようにする練習なのだ、と言っていました。

気を散らさずに物事に向かい合えるようになると、普段見過ごしていることにも気づけるかもしれません。

現代人は多くのことを効率よくこなして、生産性を高めることに一生懸命になってきました。

その一方、心が疲弊してネガティブな気分にとらわれたり、ストレスを抱えたりする人も増えています。生活にゆとりを取り戻せばいいとわかっていても、思い通りにならない現実を抱えている人は少なくありません。

マインドフルネス瞑想は、そうしたネガティブな気分やストレスの解毒剤になるのです。

Column

共感力が高すぎる人「エンパス」とは

「エンパス（共感能力者）」という言葉があります。

これは英語のエンパシー（共感）から生まれたもので、「共感力の高い人」を指します。

エンパスを研究する、前出の精神科医、オルロフ氏は、「エンパスは非常に敏感[32]」だと明言しています。

エンパスに関するさまざまな文献に照らしてみると、エンパスとHSPはとてもよく似た性質のようです。

ただ、エンパスの研究はHSPに比べてあまり進んでいないので、両者が同じなのか、違うのかはまだはっきりわかっていません。

私は、HSPの中にエンパスも含まれるのではないかと考えています。つまり、**「敏感すぎる人」の一部がエンパスである**、ということです。

エンパスについて考えることは、「敏感すぎる人」がラクに暮らしていくためのヒントにもなるのではないかと考えています。

先述のオルロフ氏は、エンパスとは「相手の苦しみに心を寄せるだけでなく、それを文字通り取り込んでしまう人[33]」だと説明しています。

エンパスの人が並外れて共感してしまうのはなぜかというと、「境界による制限がないため、直観的に感情移入した結果、他人の感情や体に起きていることが、まるで自分の心や体に起きていると錯覚するほど同調してしまう」のだと言います。

「乾いたスポンジに水が染み込むように周りのエネルギーが入り込んでしまい、それが負のエネルギーだった場合は、原因不明の不調に陥ってしまう[34]」のです。

2章

「心配事」が消える〝ちょっといいヒント〟

――「気になること」は、ひとつずつ減らしていける

あなたは
こんな
「敏感さん」？

人混みが苦手

繁華街やテーマパークなど、**人が多い場所に出ると疲れてしまう人**がいます。

町で買い物をしただけで、帰宅後グッタリし、夕飯もろくに食べられない。

テーマパークで人酔いしてしまってデートは失敗。

人が大勢いる職場では**仕事が終わるとどっと疲れて**しばらく動けなくなる。

「敏感すぎる人」が人混みに出ると、困ったことが起きやすいものです。

私もかつて、大勢の通勤客の中で駅の階段を上っていた時に体調が悪くなり、電車に乗れなくなったことがあります。

これまでも紹介してきたように、これらはどれも**敏感な脳**のなせるわざです。

音に敏感な人は、店内放送やテーマパークのBGMが耳について落ち着かなくなってきます。

匂いに敏感な人はタバコや香水、衣類の柔軟剤の香りなどでだんだん苦しくなってくることがあります。

光に敏感だと、窓際に長く座っているだけで目の奥や頭が痛くなってくるケースもあります。

さらに人の気持ちや体調にも敏感な人だと、雑踏の中に入っただけで、周りの人の感情に心が振り回されてしまうことがあります。

イライラしている人と電車で隣り合わせたら、それだけで息苦しくなる、疲れた人がいれば、どれほど元気でも、たちまちグッタリしてしまう……そんなこともあるのです。

1 なぜ、「小さいことが気になる」のか

「敏感すぎる人」にとって、この世が刺激にあふれかえったつらい場所になってしまうのは、脳の仕組みが他の人と少しだけ異なっているからです。

専門用語では、「敏感すぎる人」特有の脳の働きを「感覚処理感受性」と呼びます（60ページ）。

「感覚処理感受性」というのは、脳が受けた刺激を、情報として深く徹底的に処理する力です。入ってくる情報をすべて受け取り、きちんと処理しようとするの

で、**適当に流すということができない**のです。

「敏感すぎる人」が「小さいことを気にするな」と言われても無理なのは、この敏感脳のせいなのです。

この働きは人間以外にも多く見られ、生物に備わる生存戦略のひとつだと考えられています。

「敏感すぎる人」の4つの共通点

こうした**「敏感脳」**には、主に4つの特徴があります[35]。

①刺激に敏感（音や光、匂いや他人の気持ちなどに気づきやすい）

テーマパークのパレードを思い浮かべてみてください。

周りにはたくさんの刺激があふれかえっています。軽快な音楽と華やかなイルミネーション、観客の歓声や、香水の匂い、隣の友達が話しかけてくる声。

入り乱れる刺激の中で、多くの人は、友達の話に意識の焦点を合わせ、五感がキャッチしている他の要素は意識しないでぼやかすことができます。つまり、さほど大事ではない情報は、脳内でスルーできるのです。

でも、敏感脳にはそれができません。どの情報が身の危険につながるかわからないので、すべての情報をきっちりとらえ処理しようとします。あれもこれも脳が取り込んだ結果、情報量が多くなり疲れやすくなってしまうのです。

②受け取った情報の処理がていねいすぎる

受け取る情報量が多いだけではなく、その情報の処理の仕方がていねいすぎるのも「敏感脳」の特徴です。敏感な人とそうでない人の脳の働きを比べたところ、敏感な人は、単純な刺激はもちろん、微妙で繊細な判断が必要とされる刺激（たとえば、笑顔で話していた相手がふと見せた暗い表情）をも、非常にていねいに処理しているという結果が出ています。[36]

③行動に移すのに時間がかかる

気軽にパッと物事を決められなかったり、腰が重かったりする傾向があります(個人差はあります)。それは、脳の情報処理に時間がかかるからですが、それだけではありません。

過去の経験と比較して、自分がしようとしていることの**「安全チェック」**をするので、反応が遅くなるのです。**ベターな選択をしようと常に石橋を叩いている**わけです。

その結果**「やっぱりやめておこう」**と腰が引けてしまうこともあります。そのせいで、「気が小さい」とか「大胆さがない」などと思われがちになります。

④感情や体の反応が大きい

刺激を受けた時、感情のリアクションや体の反応が人より大きく出ます。

光に敏感な人が窓際にいるだけで目の痛みや頭痛を覚えるのも、体の反応が大きいからです。

これは、身の危険に関わるような大事な情報を見過ごさないために、心や体がちゃんと反応して気づきやすくしているのです。そうすれば、入ってきた情報に対してすばやい行動が取れます。

「敏感すぎる人」は空腹に対しても敏感に反応します。空腹は体にとってはエネルギー切れの信号ですから、早めの対処がより安全な策となるのです。

刺激に対する反応が大きいと、メリットもあります。**環境のわずかな異変にも、早く気づける**のです。

万一、今いる場所に住めなくなって新天地に移ることになっても、自分の体の反応に従えば、安全な場所を見つけられるでしょう。また、敏感な人が安心できる環境は、誰にとっても安全な環境だという指針にもなります。

これらが「敏感脳」の特徴です。

音や匂いに敏感な人なら、指揮者や楽団による演奏の繊細な違いを味わえたり、お茶やお酒の微妙な香りの違いを利《き》き分けられたりします。

人の気持ちに敏感な人なら、大好きなミュージシャンのコンサートで、会場の盛り上がりや興奮が何倍にもなって伝わってきます。私も、人の喜びや感謝の言葉ひとつで、体全体に鳥肌が立って、涙が出てくることがよくあります。

喜びや感激が何倍にもふくれ上がるのですから、**人一倍大きな感動が味わえる**わけです。

そうした、人よりも強い感情を、絵画や音楽、小説などのすばらしい芸術作品にまとめあげる「敏感な人」は少なくありません。

自分のクセを知って、それを活かすように工夫すれば、敏感な気質はコンプレックスの材料ではなく、**才能となって身を助けてくれる**ようになるのです。

2 「気づきすぎ」にブレーキをかける3つの方法

大きな力を持つ「敏感脳」ですが、刺激に疲れて本来の力を発揮できなくなっては本末転倒です。まずは、脳が過労に陥らない工夫をしてみましょう。

脳が刺激に反応しすぎないようにするための3つの方法があります。

①強い刺激を減らす

花粉症の人が、春先はマスクやサングラス、ゴーグルなどで鼻や目をガードするように、「敏感すぎる人」も苦手な刺激をできるだけ避ければ、比較的ラクに暮らせます。

刺激の強い映像や音が苦手なら、**テレビ**は録画で見るようにしましょう。いきなりショッキングなニュースが目に飛び込んでくる心配もありませんし、苦手なシーンが出てきても早送りで飛ばしてしまえます。

音が苦手で出かけられないなら、外出時に耳栓をしたり、ヘッドホンで音楽を聴いたりして雑多な音が入ってくるのを防ぐのもおすすめです。

光に弱ければ、日傘やサングラス、日よけの長手袋やカーディガンを活用しましょう。部屋は間接照明にして、明るさを調節するとよいでしょう。

匂いはマスクでも防御できますし、落ち着けるアロマオイルの香りで緩和している人も多いようです。ハンカチにアロマオイルを垂《た》らして、さっと鼻を押さえられるようにしておけば安心できます。

人混みが苦手な人は、外出を控え、買い物も近所ですませるかネットを活用してみましょう。通勤電車の混雑を避けるために車通勤に変えた人や、職場近くに転居して自転車や徒歩で出勤している人もいます。

カップ麺などのジャンクフードは薬品のような匂いがして受けつけない人や、食べるとお腹を壊したり、じんましんが出る人もいます。これはもちろん食べ物を変えるのが一番の対処法です。

どうしても自力では刺激を減らせない時は、**こまめに一人になれる時間**をつくってリフレッシュを図りましょう。これだけで、心にだいぶ余裕が生まれます。

よく、「すきま時間は有効活用しましょう」というアドバイスを雑誌やインターネット記事で目にしますが、**「敏感すぎる人」には「つめ込み行動」は禁物。**

仕事の合間に時間が空《あ》いたら、他のスケジュールを入れずに自分のためのリラックスタイムにしましょう。ていねいなメンテナンスで故障やエラーを防ぐのは大事なことです。

無理をして体を壊せば、しんどい思いをするばかりか、治すのにも時間がかかります。「迷惑をかけないように」と無理したことで、かえって周りに迷惑をかけてしまうかもしれません。

トラブルが起きる前に、上手に調整していくほうがいい結果をもたらします。

②環境を変える

変えられる環境はできるだけ変えることが、ラクになる一番の近道です。不調が起きるのは、「環境に問題あり」という体からのメッセージ。わずかでも危険があるような食べ物や環境を、敏感に反応した体が教えてくれているのです。

環境を変えられない場合でも、①「強い刺激を減らす」か、次にお話しする③「脳の上書き修正」で対処できます。

③脳の「上書き修正」

そもそも人は、「心地よいこと」より「嫌なこと」のほうに敏感に反応するようにできています。自分にとって危険につながりそうなことには、すばやく対処しないと身を守れないからです。

それなら、**脳のクセを変えてしまえばいい**のです。

体が反応してしまうのは、「こういうことがあったら、こう反応する」というクセが脳についてしまっているから。でも、このクセは変えることができます。

パソコンでデータをつくっている時、間違えた部分があれば、修正して上書きしますよね。それと同じ感覚です。

人間関係でも、人の嫌な部分ばかり目につきがちだと、相手にマイナスの思いを心の奥底で抱いていることが無意識に伝わってしまい、関係をぎこちなくさせてしまいます。

では、この脳のクセを上書きする方法を次でご紹介しましょう。

3 〝ちょこちょこ運動〟でこんなに気分は切り換わる

「脳のクセ」を止める即効性のある方法は**運動**です。

「運動するとサッパリした気持ちになるとともに楽観的になれる」という実験結果が、カナダのオタワ大学心臓研究所の博士研究員アダム・ヒーナン博士によって報告されています[37]。

また、その理由も少しずつわかってきました。

体を動かすことによって、ストレスから脳を守る酵素や身を守るタンパク質、ストレスと戦うエンドルフィンなどが分泌され、気分をよくするセロトニンも増えるからです。

ジムに行ったり、好きなスポーツがあれば、そのサークルに入ったりするのがおすすめです。

「体を動かすのが苦手」な人へ

ただ、忙しくて運動をする時間が取れない、という人もいるでしょう。そういう人は、**日常生活の中で簡単にできる軽い運動を続ける**だけでも、十分に効果があります。[38]

たとえば、外出時に一駅歩く。階段を使う。
ランチは、少し遠くのコンビニや店まで歩いて行く。
少し離れた公園までお弁当を持って行く。
ストレッチなどを紹介するテレビ番組や動画、アプリを活用する。
こんな**「ちょこちょこ運動」**でも、脳には変化が起きます。

「いつもと違う場所に行ってみる」ちょこちょこ運動

まずは1、2分でできることでもかまいません。簡単なことからでも試しに始めてみると、だんだんと体を動かす習慣が身に付くでしょう。

中には、運動が苦手だったり、体を動かすのが好きではない、という人もいると思います。そういう人は、運動する習慣がつくまでの間だけでも、体を動かせる場所に出かけてみるといいかもしれません。

たとえば、ジムやプールに行くと、運動している周りの人に自然と刺激されて体を動かしやすくなります。

私は、プールで泳ぐとむくみが取れて顔が小さくなることに気づき、ひと泳ぎしてから仕事に通っていたことがあります。忙しい時は5分か10分と決め、メイクを自宅でするかジムでするかの違いだ、と割り切って、泳ぐ時間を捻出《ねんしゅつ》していました。

逆に、仕事帰りにジムに通い、帽子とサングラスとマスクですっぴんの顔を隠して帰る人もいました。入浴時間と水道代が削れる、というオマケつきだそうです。

4 「ネガティブ思考」の取り扱い

ネガティブ思考から離れるための**3つの大事なポイント**があります。
それをひとつずつ見ていきましょう。

①自分の気持ちを大事にする

自分の感情を「いい」「悪い」と判定して、**「いい感情は大切にするけれど、悪い感情は抑え込む」**というクセがあれば、それはやめましょう。

もちろん、怒りや憎しみといった負の感情を持つことに抵抗がある人は多いと思います。そんなことを感じる自分が未熟に思えたり、そんな嫌な気持ちは引きずりたくないと、目をそむけたくなったりするからです。

ですが、感情は抑え込んでも消えるわけではありません。

ふくらんでいく感情は、心や体のトラブルという形を取って、ある日突然、爆発するように外に出てきてしまいます。何とか抑え込めても、モヤモヤした気持ちを抱え込んだり、お腹の調子が悪くなったり、不調につながりがちです。

感情を抑え込まなくなれば、「ご飯がおいしい」とか、「人の気遣いが嬉しい」といった**楽しい感情も、今までより強く感じられる**ようになります。

気持ちのいいものを、ちゃんと感じ取れるようになっていくのです。

②ときには「後回し」もあり

あなたが一番「苦手だな」と感じているのは、いったい何でしょうか。

たくさんの人がワイワイ話す場に出かけることですか？　高圧的な上司や先生に自分の意見を述べることですか？　あるいは、通勤ラッシュの満員電車に長時

コーヒーの香り、きれいな景色……
「気持ちいいもの」を探してみる

間乗り続けることでしょうか？

最初から苦手なことにチャレンジしても、すぐにはうまくいかないでしょう。失敗経験ばかりが続けば、やる気も下がってしまいます。

まずは、**日常の中にあるささやかな気持ちよさ**、たとえば、おいしい食事やきれいな景色をしっかり味わうことから始めてみてください。

③「いいこと探し」をしない

無神経な相手に、「この人にもきっといいところがあるはず」と考えようとしても、嫌だと感じる自分の本音を抑え込んでしまっては、かえっていい結果になりません。

むしろ、**しんどい気持ちはそのままに、別の小さな気持ちよさを見つけてしっかり味わう**ほうが、自分にウソをついている感覚がなくなってスッキリします。

たとえ、何の気持ちよさも探し出せない時でも、意識を「気持ちいいもの探し」に向けているだけでいいのです。マイナスの出来事や感情に焦点を合わせやすい、自分の脳のクセを変えることにつながるからです。


さて、ここまで3つのポイントを見てきました。

このポイントを押さえられるようになると、脳のネガティブ思考が上書きできるのはもちろん、人間関係にも変化が起き始めます。

57ページで説明した「情動伝染」のように、小さな気持ちよさを味わっている自分の感覚が相手に伝染すると、相手にもプラスの影響が生まれ、人間関係もどんどんよくなっていきます。

あなたがリラックスしているということが、いい人間関係をつくるのです。

5 「いい感情」も「嫌な感情」も あなただけのもの

ここまで、考え方や見方を変える工夫について、お話ししてきました。どれも脳科学に基づいた方法ではありますが、実際に変化が起きてラクになるまでには時間がかかることもあります。

「いろいろチャレンジしているのに、なかなか変化を実感しづらい……」

そんな過渡期にぜひやってみたいことがあります。

それは、**「どんな状況でもその時の感情を感じきる」**方法です。

心底苦しい時には、「気持ちよさを探す」というのも難しいことがあります。

また、「苦しい」という思いにきちんと向き合わないままだと、目を向けてもらえないまま抑圧された苦しみが、いずれ心や体の不調となって浮かびあがってくる恐れもあります。だから、まずは、「今、私は苦しい」という**自分の思いを、そのまま感じてあげてください**。

そうはいっても、「ネガティブな感情に引きずられて、嫌な方向に心が向かっていったらどうしよう」と思う方もいると思います。私もそうでした。

でも、意外なことに、その感情をしっかり感じてあげると、**数十秒から数分で、すっと気持ちがおさまる**ことに気づいたのです。もちろん、自分が何度も繰り返し悩まされてきた感情は、一度おさまっても、また戻ってきます。そのたびに、再び感じてあげる。それを何度も繰り返しました。

「感情の卒業式」をする

感情を手放すための方法をひとつお伝えします。それは、**その「感情の卒業**

式」をするということです。

「この感情からは、もう卒業するんだ」という、心の中の決断を示すのです。

この卒業式は、故・津留晃一《つるこういち》氏の『幸せテクニック』（集合人編集局）の「浄化テクニック」を参考にしました。

津留氏は経営する会社の倒産を機に、その苦しみを通じてご自身の内面世界を探求された方です。自分自身の苦しい経験をもとに書かれた、幸せに向かって方向転換する方法を、この本からずいぶん教わりました。

本で紹介されているテクニックに、出版元の集合人編集局のアレンジを少し加えた方法をご紹介します。

「感情の卒業式」

①胸に手を当て、自分自身の怒りや悲しみなどの感情を感じます。なだめたり、

いい面を見ようとしたりしないで、十分にその感情を味わいながら、胸から引きだします。

②次のように心の中で唱えます。

「私はこんな感情を体験しました。私の人生でもうこの感情は十分体験しましたので、今日をもって卒業します」

③胸から引きだした、手の中の感情を、一度よく見つめてから空に向けて投げるように手放します。

④深呼吸で一区切りつけます。

⑤最後は、空から新しいエネルギーを取り込むイメージをして、両手でそのエネルギーを胸に戻します。

よく、「思考が現実をつくる」と言われますが、「この感情を繰り返すのはもうやめる」と決めることが、新たな現実を生む第一歩になるのです。

6 心に「いい変化」を起こす体のケア

1章で、「敏感すぎる人」にはマインドフルネス瞑想が大いに助けになるとお話ししました。

ただ、効果が感じられるまで最低でも8~9週かかることから、途中であきらめてしまう人もいます。

瞑想はもともと東洋の宗教から始まったものですから、その宗教色に抵抗がある人もいます。あるいは住宅事情などで、ひとり静かに落ち着ける場所がないという人もいるでしょう。

そこで、もうひとつおすすめしたいのが**お腹ケア**です。

「敏感すぎる人」には、お腹に不調を抱えている人が少なくありません。**人混みの中ではすぐお腹が痛くなったり**、緊張すると**トイレに駆け込みたくなったり、いつもと違う環境で便秘がち**になってしまったり……。

ストレスを感じやすく、またそのストレスが体に現われることも多いので、心の状態が反映されやすい胃腸がダメージを受けがちなのです。

楽しい関係はここから始まる

瞑想で脳の回路に変化が起きることは先述しましたが、実は、体内、**特に腸を整えていくことによっても、脳は変化する**のです。

脳と腸は神経で結ばれていて、互いに指令を出し合っています。脳と腸の関係についての日本の第一人者である、東北大学大学院医学系研究科の福土《ふくど》審《しん》教授は

「腸をはじめとする内臓感覚の研究が進めば、脳の意識形成の過程も解き明かせるのではないか[39]」と言います。

腸を整えていくことで、お腹トラブルが改善するのはもちろん、心にもいい変化が起きそうです。

心も体も元気になって、より楽しくラクな人間関係を築けるようになるために、私たちがお腹にできることを見ていきましょう。

7 「幸せホルモン」を増やしていく

気持ちの安定や集中力アップに効果がある**セロトニン**は脳でつくられています。これが不足すると、ささいなことでイライラしたり、快楽を追求して、お酒やショッピング、ゲームなどに依存してしまったりします。

このセロトニンを増やすためのもっとも手軽な方法は、**太陽の光を浴びること**です。太陽の光などの強い光を浴びると、睡眠に関わるホルモンであるメラトニンがストップし、代わってセロトニンの分泌がうながされます。

朝起きたらカーテンを開けるとか、防犯上問題がなければ**カーテンを開けたま**

ま寝て、朝になると自動的に光が差し込むようにするのもいいかもしれません。

太陽光の入りにくい部屋に住んでいる人や、夜勤の多い人なら、**光で起こしてくれる目覚まし**を使う手もあります。これは、セットした時間に近づくと、少しずつ光り始め、セット時刻になると、強烈な光で起こしてくれるものです。


また、**リズム運動**でもセロトニン神経が活性化すると報告されています。

リズム運動とは、ウォーキング、自転車こぎ、スクワット、ヨガ、太極拳《たいきょくけん》など、一定のリズムで単調な動きを繰り返すものです。呼吸法、編み物、読経《どきょう》、ガムを噛むなど、同じような動きを繰り返す行動にも、同様の効果があります。

これらの行動の前後に、血液中のセロトニン濃度を比較した実験では、どの行為でもセロトニンが増加していました[40]。

たとえば、ウォーキングをする時でも、漫然とだらだら歩いたり、おしゃべりしながら歩くのではなく、心の中で**「いちに、いちに」**と号令をかけながらリズムよく歩《ほ》を進めてみましょう。これによって、効果はより高くなります[41]。

セロトニンを増やす食べ物

実はセロトニンは、脳だけでなく**腸**でもつくられています。

近年、腸から脳に送られるセロトニンの材料（セロトニンへと成長する前段階のもの）が、セロトニンそのものの増加に大きく影響しているのではないか、と考えられるようになってきました[42]。

セロトニンの材料を増やすには、それが多く含まれる食べ物を積極的に摂るのがおすすめです。

セロトニンの材料である**トリプトファンを多く含む食品**を摂取し、腸にセロトニンのもとを送り込んであげましょう。

トリプトファンがセロトニンへと成長を遂《と》げる時、**ビタミンB_6**が必要なので、それも一緒に摂るとなお効果的です。

・トリプトファンを多く含む食品

肉、魚、豆類、乳製品、卵などのタンパク質。動物性食品の摂りすぎを控えている人は、豆や納豆、豆腐などをこまめに摂る。穀物やそばにも豊富

・ビタミンB_6を多く含む食品

まぐろ、かつおなどの魚。レバーなどの肉。ニンニクやトウガラシ、バナナ

ビタミンB_6に関しては、私は大腸がんの予防効果があると言われるニンニク(43)をよく食べています(人に会う予定がある時は匂いの気にならない黒ニンニクにしています。ただ、黒ニンニクでお腹がゆるくなってしまうという人もいますから、自分の体に合うものを選んでください)。

また、セロトニンをつくるには、**善玉菌**の働きも必要(44)なので、腸内細菌のバランスを整えることも必要です。これは131ページからくわしくお話しします。

8 「腸のむくみ」と気分の関係

日本初の便秘外来を開設した順天堂大学医学部の小林弘幸教授は、現代人にはセロトニン不足の人が多く、その背景に**「腸のむくみ」**があると指摘します。(45) 足と同じように、腸にも「むくみ」があるというのです。

腸は蠕動《ぜんどう》運動によって体内の老廃物を排出させる働きをしていますが、腸がむくむとその運動に支障をきたします。実はセロトニンの分泌にはこの蠕動運動が欠かせません。

だから腸がむくんでいる人はセロトニンの分泌量が少なく、心がアンバランスになりがちなのです。

腸のむくみの原因も、足のむくみと同じように、余分な水分がたまってしまうせいです。血液中の成分の一部は、血管を飛び出し、細胞と細胞の間で栄養や酸素を運んだり、老廃物を排出したりしているのですが、血液の循環が悪くなると、細胞間の水も循環せず、そこにたまってしまいます。

血液の循環が悪くなる原因で一番多いものは、**ストレス**です。ストレスで交感神経が優位になると、血管が収縮して血流が滞《とどこお》ってしまうのです。

そのため、**ストレスを感じやすい「敏感な人」は腸もむくみやすく、セロトニン不足になりやすい**のです。

気持ちがスッキリ安定する工夫

小林氏は、「腸のむくみは自律神経トラブルを招いて、メンタルの低下まで引き起こす」と説いています。ですから、このむくみがなくなれば、**心もスッキリ安定してくる**というわけです。

そこで、簡単にできる **「腸のむくみ解消法」** をご紹介しましょう。

①朝食に果物を食べる

果物に含まれる**カリウム**には、余分な塩分やたまった水分を排出する利尿効果があります。塩分を摂りすぎると、体内の塩分濃度を下げようとして、水分をため込もうとするので、水分だけでなく塩分の排出もとても大切なポイントです。

「果物は糖分が含まれているから、太りやすい」と思って避けている方もいるかもしれませんが、果物に含まれる果糖は血糖値を上げることがなく、摂取しても太りにくいのです。

気になるようなら、**果物は朝に食べる**ようにすると、摂取した糖分を一日のエネルギーとして消費できるので安心です。

果物以外に、キノコ類、海藻《かいそう》、玄米、ホウレンソウ、アボカド、モロヘイヤ、ナス、ジャガイモ、キュウリなどにもカリウムが豊富です。こういったものを積極的に摂るようにしましょう。

②呼吸法を取り入れる

呼吸法は、酸素をしっかり取り込み、副交感神経を優位にすることで、血管が拡張して血流がよくなります。

瞑想の前に1分だけ、エレベーターの待ち時間に1分、お風呂で1分、寝る前に5分、といった風に、無理のない程度に生活に取り込んでいきましょう。

いろいろな呼吸法がありますが、試してみて、自分に合うものを続けてみるといいでしょう。ちなみに、私が行なっているのは次のようなものです。

1　大地からエネルギーを取り込むつもりで息を吸いこみ、そのエネルギーを全身に行き渡らせるイメージをする

2　息を吐きながら、今度は全身から古くなったいらないエネルギーを皮膚表

面から排出する様子をイメージする

3　空からもエネルギーを取り込むように息を吸い、古いエネルギーを排出する様子をイメージしながら息を吐く

この3回の呼吸で1セットです。体調が悪い時は30分から1時間ほど続けることもありますが、普段は1〜3セット程度です。

またウォーキングや、ヨガ、坐禅、太極拳などでも同じ効果が得られます。運動不足を感じている人は、毎日の中でなるべく歩く回数や距離を増やすように工夫してみましょう。

③下剤に頼らず食事を変える

これは、**「便秘がちになってしまう」**というトラブルを抱えている方へのアドバイスです。

便秘になってしまった時、下剤を使う人も多いと思いますが、あまりに頻繁に

使っていると、腸の粘膜が炎症を起こし血流が悪化してしまいます。

私も頑固な便秘症で、薬に長年頼っていました。

やがて、お腹にいいという自然の成分だけを使ってつくられたお茶に出会い、愛飲していたのですが、ある時、大腸内視鏡の検査で「腸の調子が悪いですね。このままだとマズいですよ」と指摘を受けました。

たとえ自然の成分でも、キダチアロエなどの下剤成分を摂ると、腸は働かなくなっていってしまうのだそうです。

そこで、そのお茶を徐々に断ち、腸を整える代わりの方法をいろいろ試すことにしました。寝起きに2杯の水を飲む、こまめな運動、呼吸法を取り入れる……。最終的に落ち着いたのが、**「食品から腸にいいものを取り入れる」**ということでした。以下におすすめの食品を挙げておきますので、意識して摂ってみてください。

1　繊維質の多い食品（玄米、海藻、ゴマ、豆、キノコ、ナッツ、バナナ、ドライフルーツなど）

2　植物性乳酸菌の多い食品（味噌、醬油、塩麹《しおこうじ》、ぬか漬け、キムチなど）

3　オリゴ糖（粉末を豆乳に溶かすなどして飲むと簡単。豆腐、納豆、枝豆、きな粉など）

こうした食品の力を借りて、腸の自然な働きを取り戻すようにしましょう。

ただ、頑固な便秘は、食からばかりでは治らないこともあります。腸のマッサージなどで改善するケースもありますので、自分に合う方法をいろいろと探してみてください。

9 お腹から心を整える

これまで、腸から心を整えていくために、セロトニンが大切だとお話ししてきました。もうひとつ、腸の健康に大きな影響を与えているものとして、**腸内細菌バランス**があります。

腸内細菌と言えば、乳酸菌などの**善玉菌**や、大腸菌などの**悪玉菌**の名前がよく知られています。みなさんもテレビや雑誌などで目にしたことがあるのではないでしょうか。

実は、そうしたお腹の菌が、心とも密接につながっていることがどんどん明らかになってきているのです。これらの菌は、先述したセロトニンの材料を脳に送る手助けもしているということがわかってきました。

世界的権威のある総合科学ジャーナルの『ネイチャー』誌では、「自閉症やうつ病などの精神疾患を腸内細菌によって治す方法を、多くの研究者が探り始めている」ことも報告されています[46]。

また、マウスを使った実験では、腸内細菌の減少によって不安症やうつ病、自閉症のマウスが現われるという結果が出ました。こうした症状は、微生物を注射して腸内細菌を補充することで和らいだそうです。

人間関係を構築する上でも、腸内細菌が大きく関わっているという報告もあります。これもまた、マウスの実験からわかったことです。腸内細菌を一切持たない無菌のマウスは、同じゲージの中にいる仲間に気づきませんでした。腸内細菌を移植することで、内気なマウスが大胆になったり、逆に活発なマウスがおとなしくなったり、と性格が変わる例も見られたのです。

これらはマウスの例ですが、人間でも腸内細菌を整えることで、対人関係や性格に関わる脳の機能を変えられる可能性があります[47]。

心と腸の関係を考える上で、**腸内細菌はキーポイント**になると言えるでしょう。

だから「食べるもの」が大事

腸内細菌には、**善玉菌、悪玉菌、**体調によって働きの変わる**日和見菌**《ひよりみきん》の3種類があります。

腸内細菌のバランスを整えるには、善玉菌を増やし、悪玉菌を減らす必要があります。具体的に何をすればいいのか、一つひとつ見ていきましょう。

①善玉菌を増やす方法

善玉菌を増やすには、善玉菌の栄養素になったり、善玉菌を助けるヘルパーになったりする食品をお腹に送り込みます。

【善玉菌の栄養素】オリゴ糖、食物繊維の多い食品（大根、こんにゃく、ゴボウ、キノコ類、ニンジン、タマネギ、大豆、ハチミツ、きな粉など）

【善玉菌ヘルパー（善玉菌の働きをサポート）】ヨーグルトや乳酸菌飲料、乳酸菌サプリや、チーズ、ぬか漬け、味噌、キムチなどの発酵食品(48)

「生きて腸まで届く」乳酸菌やビフィズス菌などが理想と言われていますが、死んでしまった菌でも効果はあります。宣伝文句に踊らされず、気になったものをしばらく食べ続けてみて、自分のお腹の調子と相談して自分に合う食品を探してみましょう。

②悪玉菌を減らす方法

悪玉菌は、食べ物によってお腹の中で増えたり減ったりします。以下に悪玉菌の増加を防ぐ食品と、増殖させてしまう食品をご紹介するので、食事の際には気をつけるようにしましょう。

【予防するもの】　梅干し、食物繊維(49)

【増殖させるもの】　砂糖や肉類、白米や小麦などの精製された糖質

精製された糖質は、悪玉菌のエサになります。ジャンクフードは体によくない、と言われる一因は、この「精製された糖質」がたくさん含まれているから。こうした食品を摂りすぎると、腸内バランスが崩れ、悪玉菌が増えてしまいます(50)。

食生活以外にも、ストレスや、不規則な生活、睡眠不足も腸の働きを悪くし、結果として悪玉菌を活発にします。

ですから、**食事ばかりでなく、生活そのものを見直すことも大事**です。

さらに加齢や運動不足で腸を支える筋肉が衰《おとろ》えると、蠕動運動が緩慢《かんまん》になって食べ物の残りかすが長く腸にとどまり、悪玉菌が増えやすい環境になります。

「年を取って疲れやすくなったから」

「忙しくて時間が取れない」

など人によって事情はさまざまでしょうが、運動はこまめにすることが大切です。

「敏感すぎる人」の中には、**食品添加物**が過剰に入った食べ物を食べるとお腹を壊してしまう人もいます。摂りすぎないよう注意しながらほどほどに付き合っていきましょう。

また、**抗生物質**との相性が悪い人もいるようです。抗生物質を処方されたら、お医者さんと相談しながら、常用することのないようにしましょう。

3章

大切にしたい「自分のペース」

――「ひとりの時間」の活かし方

あなたは
こんな
「敏感さん」？

ひとりの時間が欠かせない

学校でも会社でも近所付き合いでも、**人が集まるところには、何らかのグループができる**ものです。皆で連れ立ってお昼を食べたり、お茶をしたり、時には一緒に帰宅したりすることもあります。

けれど「敏感すぎる人」の場合は、**ひとりの時間を持たないと、脳が過労状態になってしまいます**。HSPの多くは、「群れから離れていることを好む傾向がある」とHSPの概念を提唱したアーロン博士も述べています(51)。

どんな人でもひとりでホッとできる時間はほしいものですが、「敏感すぎる人」はそれが特に顕著《けんちょ》なのです。ひとり静かに落ち着ける時間がないとそわそわしてしまいます。これは、**メンテナンス時間を体がほしがっている**からです。

「**仕事が終わったらできるだけ早くひとりになりたい**」という方は多いのではないでしょうか。

決して同僚をきらっているわけではないのだけれど、飲みに行ったり、電車で途中まで一緒に帰ったりするのは避けたい。だから、誰ともぶつからないタイミングでサッと退社している……というお話も聞きます。

ある人は、非常に社交的で人付き合いもいい方なのですが、子育て中に義母からマメなサポートを受け、感謝する反面、「**ひとりの時間がとれないことが、正直つらかった**」と言っていました。

ひとりになりたいと感じる自分を「自分勝手なのではないか」とか「人付き合いがヘタだ」「どこか欠陥があるのだろうか」と感じて、自信を失ったり自分を責めたりする人もいます。でも、ひとりの時間は**敏感な人間がオーバーヒートしないための大事な休息タイム**なのです。

この章では、「群れるのが苦手」という性質を、いい方向に活かしていくコツを見ていきましょう。

1 もう、周りに流されなくていい

「集団の影響力」について、ある面白い実験があります。

アメリカのエモリー大学の神経経済学のグレゴリー・バーンズ教授らが、人がいかに集団に左右されてしまうかを、次のような実験で証明しました[52]。

よく似た模型を2つ、左右に並べた写真を被験者に見せ、同じ形かどうかを答えさせます。ただし、見る角度を変えて置かれているため、簡単にはわかりません。

回答者5名のうち、4名は事前に被験者の中に仕込まれていた実験協力者（サクラ）で、わざと不正解の答えを言います。実験の結果、多くの被験者はサクラにつられて誤答しました。

誤答した被験者の脳の働きを調べたところ、驚くべきことがわかりました。彼らには、**実際に誤答が正しく見えていた**のです。

もし、他人からのプレッシャーに負けたとか、仲間外れになるのを恐れたというのなら、「意思決定」に関わる脳の領域が働くはずなのですが、実際には「視空間認知」に関わる部分が働いていたのです。これは、集団がグレーを白だと答えれば、被験者にも本当に白く見えてしまうことを意味します。

「敏感すぎる人」が群れるのを避けたがるのは、集団が間違った選択をした時に、それに影響されないようにするための生存戦略なのかもしれません。

「群れない人」が一定数いれば、その集団に万一のことがあった時、全滅をまぬがれることができます。

たとえば、ある場所が公害などで汚染された時、体に不調を感じてその異変をいち早く察知した人は、その場から逃げて助かる確率が高くなります。

でも、集団に属していると、避難の決定に時間がかかったり、機敏に動けなかったりして対応が遅れてしまうかもしれません。

群れをきらう一匹狼《おおかみ》は、対人関係では「協調性がない」「輪を乱す」「身勝手だ」などと批判されがちですが、**変化にすばやく対応できる**という長所も持っているのです。**群れない性質には生存戦略としてのメリットがある**わけです。

「輪に入りたい」と思うとき

ただ、ここまで読んで、

「別にそんなメリットを意識したことはないんだけど……」

「あえて群れないでいる、というよりは、正直、**群れに入りたくても入れない、**という感じかな……」

と思った人も多いでしょう。

「群れるのが苦手」という性質が原因で、人間関係になかなか自信が持てない人はたくさんいるのではないかと思います。

一口に「群れに入れない」といっても、その理由はさまざまです。

他人の香水や衣類の柔軟剤の残り香《か》などで体調を悪くするのかもしれません。また、**人の表情をうかがいすぎて気疲れしてしまう**、という人もいるでしょう。

「敏感すぎる人」が群れないのは、決して人ぎらいだからではありません。人が多いといろいろな情報をキャッチして落ち着かなくなるだけなのです。だから、**一対一か少人数で落ち着いて過ごすのは好き**、という人は多いはずです。

とはいえ、群れから仲間とみなされないことで、損をすることはしばしばあります。一匹狼的な生き方をする人は、攻撃の対象になりやすいことを、これまでの人生で痛感している方は少なくないでしょう。

ですが、一匹狼の人にも、集団にいる人にも、それぞれにメリットとデメリットがあるのです。

2 あなたは「群れ型」？「縄張り型」？

「人はひとりでは生きていけない」「みんな仲よく」「絆は大事」……。そうした信念が強い人は、集団からはじき出されることを恐れます。

でも動物には、**「群れ型」**だけでなく**「縄張り型」**も存在します。

縄張り型の動物で身近なのは猫でしょう。

外で暮らすノラ猫たちを見ると、たいてい1匹で行動しています。中には定期的にえさをもらえる「えさ場」に集まってくる猫たちもいますが、それでも互いに離れた場所に座って距離を保っているものです。

人間にも群れ型と縄張り型の両方がいます。

ビジネスパーソンやママ友などのグループの中にはヒエラルキー（社会の中での上下関係）があり、非常に気を遣うことも多いようですが、群れに属するメリットもあり、仕事や情報が手に入りやすかったり、敵対する相手ができた時、守ってもらえたりもします。

一方で、そうした群れになじめない人たちもいます。グループには入りたくないという人や、会社勤めが嫌になって独立した個人事業主などは、縄張り型でしょう。縄張り型の人には、**上下関係などの気くばりにわずらわされずにすむ半面、責任をひとりで背負う苦労**もあります。

このように、群れ型にも縄張り型にも一長一短ありますが、「敏感すぎる人」は群れの中で暮らすより、**縄張り型で生きていくほうが心も体もラク**でいられます。群れから離れることで、自分に合わない強い刺激から身を守ることができますし、他人の影響を受けて不調に陥る心配もないからです。

もちろん、**どちらの生き方でもOK**です。

ですが、もし集団の中でうまくやっていけないと思っているなら、それは、**「ただ縄張り型なだけなのだ」と、自分を認めてあげてはどうでしょうか。**

周囲となじめないとしても、タイプが違うだけなのですから、劣等感を感じる必要はありません。**自分の性質に気づくだけで、心はずっと軽くなる**でしょう。

「ベストポジション」を探ってみる

人付き合いには、つながりを重視し全体を意識する場面もあれば、「自他の課題を分け」「自分の人生を生きる」という、個に集約することが必要な場面もあります。

その両極の間の、どのあたりを「自分のポジション」にしていれば居心地がいいのかを探りながら、**自分にとっての「ベストポジション」**を見つけましょう。

そのために、両極を経験する時期があってもいいのです。両方をそれぞれ体験

あなたは「群れ型」？「縄張り型」？

してこそ、バランスのある中庸《ちゅうよう》はどのあたりだろうかと判断できます。

たとえ、群れからはみ出ることになってしまっても、**「今は個を生きることを体験している時期だから、これでいいんだ」**と考えて、「ひとりの時間」を目いっぱい味わいましょう。

人はさまざまな経験をすることで、考え方に幅が出てきます。

群れでの生活が息苦しくなった時は、「縄張り型でやってみるという選択肢もある」と思えば、窒息《ちっそく》せずにすむでしょう。

「お酒はほどほどに」といいますが、まったく飲まない人よりも飲みすぎた経験がある人のほうが、「ほどほど加減」が身に染《し》みてわかりますよね。

経験しないとわからないこともあるものです。
試しにいろいろな生き方をしてみて、自分が一番心地いい、と思える**「ほどほどのところ」**を見つけてみてください。

3 そんな「縁」は切れてもかまわない

群れない人には、**「公平性を保ちやすい」**という長所があります。どの群れにも属さないので、特定の群れを有利に導こうとする思惑を持つことがありません。「敏感すぎる人」の特性のひとつである**道義心の強さ**も、より公平な判断をうながすでしょう。

その長所は、たとえば裁判官や審判などの仕事で力を発揮します。

また、教師や会社の人事という立場に立てば、えこひいきのない、いい仕事をするでしょう。

個性を活かす道は他にもいろいろあります。

ですから、群れないでいることに対して、「集団行動もできないダメな自分」と自分を責めるのはやめましょう。自己評価が下がっていては、せっかくのいい部分を活かすことができなくなります。

一人ひとりの人生は、それぞれ川のようなもの

とはいえ、群れることをやめるのは非常に勇気のいることです。**これまで続けてきた人間関係に区切りをつけなくてはいけない時**もあるでしょう。

そういう時はこう考えてみるのもひとつの手です。

――**一人ひとりの人生は、それぞれが一本の川のようなもの。**たまたま同じ流れにいた人も、いつか自分とは別の流れに進むかもしれません。でも、その別れも、自分と相手に必要な経験。だから、関係が終わる時にも、ただ、**違う流れを進むべき時期が来ただけ**だと思えばいいのです。すべての川が、いずれは同じ海

に流れ込むように、そのうち、また縁がつながることもあるでしょう——。

私自身、友人たちの多くと距離を置いたことがあります。でも、ご縁を通じて経験できたことは、お互いの財産として残っています。

「距離を置く」のは「違う流れに進む」ということ

距離を置きたい人がいたら、

「いつか大海原《おおうなばら》で再会する時まで、それぞれの支流で頑張ろうね」

という気持ちをもって、思い切って離れてみるのもひとつの選択です。

たとえ罪悪感が湧いても109ページのポイントに気をつけて手放すと、いい形で離れられるでしょう。

4 ひとりの時間がその人を育てる

群れずにひとりでいることが、**想像力の発揮**に役立っているという報告があります。(53)

芸術、科学、ビジネス、政治の分野で並外れて創造的な人たちには、しばしば「群れないでいる」という共通点があります。それは、群れないでいることで、他者とのやり取りに気を散らすことがなくなり、自分の考えに没頭することができるからではないかと考えられています。

ひとりでいることで、独自のやり方を貫いて試行錯誤を繰り返せるというメリットもあるでしょう。

孤独が創造性を高めることを示した、ある実験を紹介しましょう。

全92社の協力をあおぎ、600人以上のコンピュータープログラマーの仕事の生産性を調査しました。

その結果、成果に大きな影響を与えていたのは、「労働環境にプライバシーが保たれていたかどうか」でした。**経験年数や、給与額、仕事にかけた時間より、プライバシーの有無が仕事の成果を左右していた**のです。

個人のスペースを十分に与えられ、周りから邪魔《じゃま》されない環境で働いていたプログラマーは、プライバシーが「ある程度」確保されていたプログラマーの約2・5倍、仕事に邪魔が入ることが多かったプログラマーの約10倍の成果を出していたのです。

ただ、人に邪魔されずにひとりで集中する時間が持てていたかどうかが、生産性の向上に大きな役割を果たしていたというわけです(54)。

「発想の卵」の温め方

この実験から、**成果を左右するのは、クリエイティブなアイデアをひとりで温める時間**があるかどうかだということがわかります。

鳥のつがいが卵を温め始めたら、静かで落ち着ける環境に置き、そっと見守るのがベストですね。**アイデアの卵**も、同じように扱ってやる必要があるのです。

創造における「孵化《ふか》」の時期には、「無意識」が活躍していることが、最近の脳科学の発達で明らかになっています[55]。

アイデアを練って、無意識レベルにアクセスするには、集中力を保てる環境が欠かせません。さらに、斬新《ざんしん》なアイデアを「あり得ない」と最初から否定するような人たちとも、距離を置く必要があります。アイデアのタネを守るためです。

あまりにも飛躍したアイデアは、時として周りの理解を超えていることがあります。

たとえば地球が太陽の周りを回っているという地動説は今でこそ常識ですが、かつて太陽が地球の周りを回っているという天動説が信じられていた時には、誰にも受け入れられませんでした。

集団の中にいるとその集団の考えに感化されがちだという話をしたように（140ページ）、周りに否定されてばかりだと、否定的な考えに染《そ》まってせっかくのアイデアがつぶれてしまうこともあります。

群れないことで、**自由な発想ができる土壌**を保てます。だから群れたがらない人には、その創造性を存分に発揮できる土台があると言えるでしょう。

もちろん、孤独な時間ばかりでなく、周りと意見交換をして、自分とは違う視点を得る機会も大切です。煮詰まった時、人の意見を聞いたり、アイデア交換をするうち突破口が見つかることもあります。

他者との交流で新たに得た視点を活かし、孤独な時間に思索を深めることで、独創的なアイデアはじっくりと育つのです。

5 「親との関係」をどうする？

「敏感すぎる人」の中には、対人関係に自信がない人が数多くいます。

一方で、同じく「敏感すぎる性質」を持っていても、さほど問題を抱えずに過ごせている人もいます。**同じ「敏感すぎる人」なのに違いが出てくる**のはどうしてなのでしょうか。

その原因のひとつに、**子供時代の過ごし方**があると言われています。

生まれたばかりの赤ちゃんは、オムツの不快感や部屋の暑さ、育児疲れの母親のイライラなどに敏感に反応し、すぐにぐずったり泣いたりします。

歩けるようになっても、靴が足に合わない、といったちょっとしたことを上手に伝えられないために激しいかんしゃくを起こすことがあります。感情の激しさも「敏感すぎる人」の特徴のひとつだからです。

「敏感すぎる気質」を持っていれば当たり前のことではあるのですが、親の目には「育てにくい子」というふうに映ってしまうかもしれません。

また「敏感すぎる気質」の子供は、物事の本質を見抜いてしまうので、「おばあちゃんはお母さんのことがきらいなの？」などと無邪気に口にして周りをあわてさせたりすることもあります。中には、妖精《ようせい》やオバケが見えたと真剣に怖がったり、不思議な体験をしたことをしょっちゅう口にしては「ウソばかりつくな」と叱られたりする子もいます。

長沼睦雄医師の『敏感すぎる自分を好きになれる本』（青春出版社）には、次のようなことが書かれています。

「HSPの敏感さや敏感さから生じる言動は、親や先生など、本来なら安心して心をゆだねられるはずの身近な大人たちには理解できず、ややもすると煩《わずら》わしいものとして感じられがちです。そのためHSPの子供の多くは豊かな感情や鋭い感覚を邪魔なもの、劣ったものとしてみなすようになり、自らそれらを封印してしまいます。これは親から認められようとする無意識の自己防衛なのでしょうが、同時に生まれ持った気質である敏感さを否定すること、つまり自己否定となるのです」

「安全な場所」がありますか

「敏感すぎる人」は、**幼い頃に安全な場所を持てなかったり、安心できなかった体験があったりすると、心や体に問題を引き起こしやすい**、という研究結果が次々発表されています。(56) そういう人は、成長してから人間関係に自信が持てなかったり、不安やうつに悩まされることもあります。

ですが、同じ「敏感すぎる気質」を持っていても、気質に合った育て方をされれば、そうした問題は起きにくくなります。

これは、HSPの持つS型遺伝子（40ページ）の影響でもあります。ストレスの多い環境で育てば、小さい頃からうつや心のトラブルを抱えやすくなってしまうのです。

もし、こんなことで怒られていたなら

子供の頃、周囲の環境などが原因でトラウマを持ってしまい、生きづらさを抱えている人のことを、**「アダルトチルドレン」**と呼びます。

「敏感すぎる人」にはアダルトチルドレンが多いと報告されています。

問題のない普通の家庭でも、過敏で傷つきやすい人には**小さなトラブルが大きなトラウマになりかねない**からです。

「敏感すぎる人」は「小さいことでクヨクヨしないの！」と叱られてしまった経験を持つ人が多いかもしれません。ですが、そもそも小さいことに神経を張り巡らせて情報をいち早くキャッチするのは「敏感すぎる」ゆえの生存戦略です。そうした「どうしようもないこと」を怒られ、傷つきながら大人になった人も少なくないでしょう。

ですが、こうした幼少期の体験が心の傷になっていたとしても、この傷は治すことができます。たとえ今からでも自分が安心できる場ができると、**心の奥に自信が芽生えてきます**。

「敏感すぎる人」は、環境の影響を人一倍受けやすい遺伝子のおかげで、**どんなささいなサポートにも敏感に反応し、安心感を得る**ことができます。

さほど問題を抱えずに過ごせている「敏感すぎる人」は、周りの大人から適切にサポートされた人たちだと言われています。

「敏感な気質」の子供は、配慮してもらえると、それがどんなにさりげないものだったとしても気づいて、とても心強く思うものです。

6 人と気持ちよくつながる「3つの方法」

アレルギーは、体が「異物」と認識したものを受けつけなくなる反応です。人間関係に強い不安があり、他者をなかなか受け入れられなくなる「敏感すぎる人」の性質は、**「人間アレルギー」**と言ってもいいでしょう。

食物アレルギーなら、原因となる食物を食べないように、と指導されます。「人間アレルギー」の場合、他者との関わりを一切排除しようとすれば、社会生活は成り立ちません。「人間アレルギー」の人に大切なのは、**自分にとって本当に危険なものは排除**をして、**自分を支えてくれるものは敵とはみなさない仕組み**です。

症状を和らげるためのアレルギー対策で適切なサポートを受ければ、子供の頃に築けなかった**「愛着」というつながり**をつくり直すことができます。

幼い頃に愛情を注いでもらった相手には、「愛着」というつながりができるので、大人になっても本当に打ち解けた関係を築くことができます。けれど、子供の頃に親などの周りの大人との間に安定した愛着が形成されなかった場合は、他の人にも完全に打ち解けることができません。ですから、安定した愛着をつくり直すことで、人との間につながりが生まれるようにするのです。

人とつながるための3つの方法を紹介していきます。

①なんでも「少しずつ」が原則

幼い頃に「愛着」を築けていない人は、いくら人と仲よくしたいと思っても、なかなかうまくいきません。誰かを苦手に感じてしまえば、その人の家族や友人、あるいはその人に似ている人まで付き合いにくくなってしまうこともあります。

花粉アレルギーの人の対処法に、少しずつ成分を体内に入れて慣らしていく「減感作療法《げんかんさ》」があるように、人間アレルギーも少しずつ慣れていくことで解決していくことができます。

最初は、**自分が好きなことで、人との関係をいつもより少し深くしてみましょう。**私は山や自然の中によく入るのですが、山で出会った人にはできるだけ話しかけています。すれ違う時に挨拶《あいさつ》したり、休憩中隣り合ったら一声かけたり、といった感じです。

すると、見ず知らずの人なのに、距離が一気に縮まることがよくあります。それは、お互いに共通の趣味があるからなのかもしれません。

いいエネルギーを感じられる相手とできるだけ会うのもおすすめです。人に会うということは、楽しく気持ちいいことなのだと、心にも体にも染み込ませることができるからです。

ただ、そうやって人との関係を広げ始めると、不調に陥ってしまって、ますます人間アレルギーをこじらせてしまう人もいます。

そんな時は気持ちが落ち着くのを待ってから、**再びトライする**ことをおすすめします。

これは車の免許を取ったばかりのドライバーと似ているのですが、高速道路での運転やバック駐車を怖がって、運転するのを敬遠し続けていると、せっかく免許を取っても運転できなくなってしまいます。

多少怖くても勇気を出して運転し続けているうち、いつの間にかどんな場面の運転も平気になっていくように、不調に陥っても回復したらまた人の中に出て行くことで、人間アレルギーを悪化させないですむのです。

どうしても人とつながることが難しいなら、**「本の作者とつながってみる」**という手もあります。図書館や書店でグルグル歩き回っていると、気になる本が出てきますよね。それを手に取ってパラパラ読むうちに、自分の気持ちが整理されていくこともありますし、バイブルのような本に出会えることもあります。

私はそういうバイブルたちを他の本とは分けて並べておいて、何かにぶつかるとその前に座ってパラパラ読みを始めます。

会ったこともない作家たちですが、**私だけの「サポーター軍団」**なのです。図書館にも書店にも行く時間がない時や夜中などは、このサポーターたちが心を支えてくれています。

あなたも、自分だけの「サポーター軍団」をつくってみてはいかがでしょうか。

②どんな自分も大事にする

人とつながる前に、まず**自分自身といい関係を築き直す**のも大切なことです。

「敏感すぎる人」の中には、自分で自分を責めたり、心の中できらったりしている人もいます。

「敏感すぎる人」に限らず、自分を大事にすることができない人は多いかもしれません。立場上自分のことは後回しにしなければならない人もいるでしょう。つい人を優先してしまうクセに悩んでいる人もいるはずです。

でも、少しずつでも**自分で自分を大事にし始めると、自分との間に信頼関係が**

できあがっていきます。

まずは、自分とつながる第一歩として、**自分自身が自分のサポーターになろう**と決めてしまいましょう。自分のことを温かく受け止め、励ますこともできるようになります。**何度同じ失敗をしようが、どんなに人からきらわれようが、自分だけは絶対に自分の味方でいる。**そう思って、自分自身を大切にしてあげてください。人は未熟で情けない経験を通して、何かを学ぶのかもしれません。それなら、たくさん学べばいいのです。

やがて、その思いが人との間に愛着関係を築くための土台になっていきます。しかも、どんな自分をも受け入れるようになると、人の嫌な部分も、「お互いさま」と思えて気になりにくくなるのです。

あなたが自分をどう見るかを、少し意識してみてください。他人の気持ちや感じ方は変えられませんが、自分の考え方なら変えることが可能です。

③「誰かのため」でなくてもいい

敏感すぎる人は、相手が求めていることに敏感に気づいて、**つい「誰かのため」に動いてしまいがち**です。

周りに振り回されて、「なんで私がここまでやらないといけないんだろう」などとモヤモヤした思いを抱えては、自分が器の小さい人間に思えて、情けなくなってしまうこともあるかもしれません。

「人のために」とか「役に立とう」という気持ちを持つことは、すばらしいことです。ですが、なんでもかんでも助けてあげることが、必ずしも相手のためになるとは限りません。ですから、いったん「人のため」をストップしてみませんか。

相手が求めていることや、苦しんでいることに気づいても、「相手には自分で解決できる力がある」と信じてみるのです。

始めのうちは難しいかもしれませんが、私はいつも自分にこう言い聞かせています。

「人は、いろいろな経験を通じて、人生の枠《わく》を広げていくもの。苦労を背負っている人にむやみに手出しをするのは、相手の経験の機会を奪うことになるし、本人が自分でその苦労を乗り越えられるようになるまで、その問題は繰り返されてしまう」と。

ここを納得できるようになったら、自分よりも「人」を優先してしまうあなた自身の内面と向き合ってみましょう。

「敏感すぎる人は、一緒にいる人に注意を向けなくてはならないという義務を自分に課してしまいがちですし、人のニーズばかりを優先する背景には、知らない間に作ってきた自己防衛のクセが隠れているのかもしれません[57]」

どうしても人に手を貸したい時は、「人のため」ではなく、**「自分の経験や成長のため」**と意識するようにします。

そうすれば、たとえ先述のようなモヤモヤした気持ちが湧いても、感情の卒業式（114ページ）をすることで、ネガティブな思いを手放せるかもしれません。

4章

「繊細さ」が活きる場はこんなにある

——自分がもっと輝ける「居場所」のつくり方

あなたは
こんな
「敏感さん」？

ちょっとしたことにドキドキしてしまう

「敏感すぎる人」の多くが悩みとして挙げるのが「**仕事のこと**」です。敏感であることがハードルになり、仕事をする上でさまざまな苦労を抱えてしまうためです。

「**同僚の電話の声や明るすぎる蛍光灯などが気になって、仕事に集中できない**」

「**同僚やお客さんの服の柔軟剤の香りや、体臭、香水で気分が悪くなる**」

「**上司に気を遣いすぎてしまって、自分の仕事が進まない**」

といった「敏感さ」に悩んでいる人も多いことと思います。もしかしたら、「他の人と同じようにふるまえない自分はダメなんだ」「神経質すぎる自分は仕事ができない人間なんだ」とまで思い詰めている人もいるかもしれません。

けれど、「敏感さ」や「共感力が高い」ことは、決してマイナスの要素ではありません。

音に敏感な人は、職場で電話が鳴り出すと、そのたびに集中力を削《そ》がれたり、周りの雑談で気が散ったりして、仕事の進みが遅くなってしまいがちです。

でも、その繊細さのおかげで、誰も気づかなかった機器類の小さな異音を聞き取り、故障や事故を事前に防ぐかもしれません。「うるさすぎない目覚まし音」や、「聞きたくない音をシャットアウトする耳栓」などが開発できるかもしれません。

匂いに敏感な人も、香りを扱う仕事に向いているでしょう。臭気判定士の資格を取って、消臭剤や消臭繊維の効果を評価したり、工場などから出る排気ガスなどの臭いを数値化したりといった仕事もいいかもしれません。

共感力の高さは、相手の気持ちを汲み取る能力の高さでもあります。共感力の高い人は、カウンセリングやセラピーの場面で力を発揮するでしょう。

この章では、「敏感すぎる人」が働きやすくなるためのコツやその能力の活用方法を見ていきましょう。

1 ムダに気を散らさないための4つのポイント

あなたの強みをきちんと活かすためには、他のことへ気を散らさないように、余計な刺激を受け取りすぎないようにする工夫が必要になります。

そのための方法を、いくつかご紹介しましょう。

①「刺激」への自衛策を考える

人混みが苦手な人であっても、**音楽プレーヤー**を持ち歩いて好きな音楽に没頭していれば、たとえ満員電車であっても比較的我慢できる、という人がいます。

もし同僚のおしゃべりで気が散って困るようなら、**耳栓**をするという手もあります。最近は、オフィスに固定席をつくらない会社もあるようですから、そういった職場なら場所を移ることもできるでしょう。

私はテレビの音が苦手なため、家族がテレビをつけている時は離れて家事をしたり、家族が席を外している間だけでもスイッチをオフにしたりしていました。

このように、自分ができる範囲で自衛策をとっていきましょう。

角《かど》が立つのが心配で、なかなか自衛策が取れない人は、瞑想（76ページ）を試してみるのもいいでしょう。脳が変化して、今まで気になって仕方がなかったものが、さほど気にならなくなっていきます。

②いろいろため込まない

ＨＳＰのためのワークショップなどを主宰するバリー・イェーガー博士は、「ＨＳＰはちょっとした問題が積み重なっただけでも、大きなストレスに感じてしまいがち」だと言っています。(58) こまめな気分転換が大事です。

観葉植物やぬいぐるみを眺《なが》めたり、触れたりするだけでも、癒《いや》し効果のあるオキシトシンというホルモンが分泌されます。

小さな植物を職場のデスクに置いたり、お気に入りのぬいぐるみキーホルダーをポケットに入れておいたりするのがおすすめです。

また、**簡単なストレッチ**も、副交感神経が働いて、リラックス効果が期待できます。トイレに立ったついでや、お客さんがいなくなったすきなどに、軽く体をほぐしてみるといいでしょう。

③自分のスタイルでやってみる

アーロン博士は、「HSPは自分の流儀で働けるのであれば、ほぼどんな仕事にもつける」と明言しています[56]。

不動産会社の営業マンなら、顧客の要望を細やかにつかんで、満足度の高い物件を案内できるでしょうし、カウンセラーや教師など、人に関わる仕事では良心的で道義心が強い点を活かせるでしょう。

植物やぬいぐるみで手軽にストレス解消を

ただ、どのような職業であれ、強みを発揮するポイントは**「自分のスタイルで働ける」**ということです。「敏感すぎる人」は、他の人の都合に合わせなければならなかったり、常に上司の監督下に置かれるような状況では、自分の力を出し切ることができません。

最近では、在宅勤務やフレックスタイム制を採用する会社もかなり増えてきています。

仕事を選ぶ時には、**業務内容ばかりでなく、働き方にも注目し、自由度の高い職場を探す**ことが重要です。

④好きなこと、得意なことに励む

ひとりで働く、というと起業を思い浮かべて「そんな大変なこと、無理！」という人もいそうですが、今の自分ができることを、フリーランスなどの形で受けてみれば、それはもう十分に立派な仕事になります。

大げさに考えなくても、小さいことから始めればいいのです。**「好き」や「得意」を何らかの形で仕事につなげられる**と自分らしく働けます。まずは小さな一歩を踏み出してみましょう。

本の読みきかせボランティアを始めたら、書評やライター、あるいは教育関連の仕事を紹介してもらえるかもしれません。調理師や栄養士の資格があるなら、お店を持たなくても、ケータリングなどのサービスを提供して仕事をすることもできます。

あなたが好きなこと、得意なことは何でしょうか？

「これをしていると時間が経つのを忘れてしまう」

「これだったら、この先ずっと続けていける気がする」

そう思えることを、見つけてみてください。そして、あなたの「好き」という気持ちを形にするには、どのような方法があるかをじっくり考えてみるのです。

「私には無理」などとあきらめないでください。**思い切って踏み出してしまえば、少しずつでも道は拓《ひら》けていきます。**

たとえ、始めたことがすぐには仕事に結びつかなかったとしても、そこで得た知識や経験のストックは、必ず楽しい未来の土台になるでしょう。

2 こんなにある「ひとりでもできること」

「敏感すぎる人」の中には、**既存のレールを歩くのではなく、自分で道を切り拓いて働いている人**がたくさんいます。

たとえば、在宅でエステやマッサージのお店を開業したり、自宅の半分を改装してギャラリーとして貸し出したり、絵を教える、ハンドメイドアクセサリーを販売する、データ入力の仕事を受注する、などさまざまです。

翻訳家、作家、ブロガー、また自身のブログやSNSから広告収入を得るアフィリエイターもいます。

登山やカヤックなどのアウトドアツアーのガイド、有機農業の就農者、就業は減らし家庭菜園で自給自足生活を目指すなど、自然の中に身を置いてイキイキと暮らしている人もいます。

「好きに生きるなんて、そんな収入が不安定そうなことはできない」と感じる人も多いでしょう。ただ、世の中には「絶対に安定した仕事」や「絶対に確実な収入源」などは存在しません。会社勤めの人だって、自分の会社がずっとある、という保証はまったくないのです。

それならば、**自分の人生の持ち時間で、何をしてどう暮らしていくか、**改めて見直してみるのは、大切なことではないかと思います。

「決められたコース」でなくてもいい

ひとりで働くと、自分のアイデアを上司にお伺いを立てることなく試せます。

「敏感すぎる気質」を持ったある男性は、フリーでダイビングのガイドをしています。彼が連れて行ってくれる場所は、他の業者さんも来ない自力で開拓したポイントなので、お客さんは見事なサンゴの海をひとり占めできます。さらに、自分のくわしくない場所でも、お客さんの「ここに行ってみたい」というリクエストにはできるかぎり応えようと気遣います。

もし彼がフリーではなくお店や会社に所属していたら、こうはいかないでしょう。お店で決められたコースを案内し、お客さんから要望があってもお店の許可を得なければ連れて行ってはあげられないはずです。

彼は、フリーであるからこそ、**仕事をめいっぱい楽しみ、お客さんの喜びも引き出してあげられる**のです。

また、「敏感すぎる人」は、**一対一か、少人数相手でできる仕事**も向いています。たとえば、カウンセラー、セラピスト、英語講師、ピアノ講師、料理の先生などです。**「敏感すぎる」からこそのきめ細やかなサービス**が、お客さんを引き寄せるのです。

3 「現状維持」もOK、「変化」もOK

自営業やフリーランスの人は、仕事の環境をある程度自分でコントロールできる反面、収入が安定しているとはいえません。

こうした生き方をしていこうと思ったら、生活スタイルを見直すことも必要になってくるでしょう。

現状を変えて未知の世界に飛び込むことには強い恐怖や不安が押し寄せるものです。けれど、多様な生き方が認められるようになってきた今だからこそ、**従来**

の価値観やルールにしばられない新しい働き方を模索することも大切です。

起業という「働き方」も、以前に比べ身近になってきました。「寄らば大樹《たいじゅ》の陰」ではなく、自分が苗《なえ》から大木に成長することができるのです。

とはいっても、必ずしも大木になる必要はありません。**ほどほどのサイズの木として、健《すこ》やかに生きていく**のも幸せそうです。

家族の中で、外で働くのが苦でないほうが働き、外がつらいほうは家事を担当する、という柔軟なやり方もひとつの手だと思います。家の仕事は女性、外で稼ぐのは男性、という根拠のない決めつけも、最近ようやく薄れ始めてきました。

急に何もかも変えるのは大変ですが、新しい生計の立て方を模索し始めると、新たな視点が得られるかもしれません。

ちょっと手放してみるだけで……

私は、長く続けた仕事を辞めてから収入が少なくなり、今までの生活を少し変えました。

以前はたいした用もなくコンビニに行っていたのをやめ、「ついで買い」をしなくなりました。服や靴は流行を追わなくなり、最小限のものを長く使うようになりました。

不要な紙は裏紙としてコピー用紙やメモ用紙にしていますし、野菜の葉や根も、きれいに洗って丸ごと食べ切ります。

外食を自炊に変えるだけでも、食費が大幅に削減されます。忙しい人でも、発芽玄米と味噌汁、小鉢程度なら短時間で準備できます。味噌汁を具だくさんにすれば、栄養的にもバランスの取れた食事ができます。

支出が大きくなりがちな生命保険の保険料や携帯料金は、契約内容を見直してみるのも手です。車は買い替えの際に維持費を減らせる車種にするか、手放したり、バイクにするという方法もあります。

思い切って生活環境を変えることを考える場合もあるでしょう。地方に移住すれば都心よりも物価が安く、家賃などの住居費用も抑えられます。

こう書いていくと、「やっぱり、自由に生きるとなると、生活は切り詰めないといけないのかな」と不安に思う人もいるかもしれません。

ですが、私はむしろ**以前よりもスッキリした気持ちで暮らせるようになりました**。生活からムダなものがなくなり、必要なものを必要な時にきれいに使い切るようになったからです。

「現状維持」にこだわりすぎると、身動きが取れなくなってしまいます。

今の稼ぎを維持しなければ、というしばりが、あなたを動けなくしているのかもしれません。環境を変えても、こうした工夫で支出を減らすことで幸せになれる場合もあるということです。

ただし、環境の変化も大きなストレスになりますから、**現状維持と変化のどちらが自分の心を元気にするか**、それをじっくり考えていきましょう。

4 それは「ストレス発散」になっていません

つらいことがあっても、友人とお酒を飲んだり、ちょっと豪華な食事をしたり、自分へのご褒美《ほうび》エステやマッサージを受けたりして、**ガス抜き**をしながら頑張っている人は多いでしょう。

でも実は、こうした〝**ストレス発散**〟は、気分が晴れた気がするだけで、本当に元気になれるわけではないことがわかりました。

カリフォルニア大学ロサンゼルス校医学部教授のスティーブ・コール博士らと

ノースカロライナ大学が、「幸せのタイプと健康の関係」について共同研究しました(59)。

84人の被験者たちに、さまざまな聞き取り調査をし、彼らを2つのグループに分けました。

ひとつはお酒や美食、エステやマッサージ、ショッピングといった感覚的な快楽で幸せを感じる**「快楽追求タイプ」**で、もうひとつは夢を追いかけたり、人間的な成長を遂げたりすることで幸せを感じる**「生きがい追求タイプ」**です。

もちろん、人は誰でもその両方の性質を持っているものですが、主にどちらが強く出ているかでグループ分けがなされました。

さらに、身体測定や、病歴の聞き取り、血液検査などによってそれぞれの健康状態や免疫《めんえき》システムをくわしく調べました。

その結果、「快楽追求タイプ」では、体のどこかに炎症が見られることが多く、免疫力も低いことがわかりました。ところが、**「生きがい追求タイプ」では、体**

の炎症が抑えられ、免疫力も高かったのです。

調べたところ、その原因は、遺伝子にありました。

人間にはストレスを受けると炎症を悪化させ、免疫力も低下させる**「CTRA遺伝子群」**というものがあります。この遺伝子群の働きが、「快楽追求タイプ」と「生きがい追求タイプ」で全く違っていたのです。

「快楽追求タイプ」の体の中ではCTRA遺伝子群が活発に働いて、体をむしばんでいました。一方、「生きがい追求タイプ」ではその活動はおとなしくなり、体が守られていたのです。

アーロン博士はその理由をこう推測しています。

「生きがい追求タイプは、共同体への貢献につながりやすい。そうしたタイプが健康でいられるのは、仲間や社会を利する遺伝子を、次世代にきちんと引き継ぐための仕組みなのかもしれません(60)」

「嬉しい瞬間」はもっとつくれる

つらい仕事を、アフター5や休日の楽しみでまぎらわせながら続けていると、免疫力が落ちて、炎症性の病気などさまざまな不調にさらされやすくなる恐れがあります。でも、**仕事そのものに生きがいが感じられれば、体は健康でいられる**のです。

とはいえ、仕事を変えるのは簡単ではありませんし、

「私の仕事は単調で、とても打ち込めるようなものではない」

「楽しい仕事ではないけれど、ラクだから続けている」

という人も多いと思います。

もし、生きがいを感じられないまま働いているのなら、**いつもの仕事に「ちょっとした工夫」をつけ加えて**みてはいかがでしょうか。

たとえば、スーパーでレジ係を務めているある人は、高齢のお客さんや荷物の多いお客さんには、**エコバッグにつめやすいように商品を渡してあげる**など、「お客さんがラクになるように」と自分なりの工夫をしていました。すると、ある時、隣のレジが空いているのに自分のレジに長い列ができていたのです。そのことに気づいた時は、とても嬉しかったと言います。

またあるタクシー運転手は、よく出るお釣りの金額パターンを覚えておいて、それらを折り紙でつくった袋に用意しておくようにしていました。**お客さんにあらかじめ準備したそのお釣りをさっと渡す**ようにしたら、指名してくれる固定客が増えたと話していました。

あるマンションの管理人は、高齢の住人の電球交換をすすんで請《う》け負《お》ったり、住民がオートロックの玄関でカギを取り出そうとゴソゴソしているのに気づいた時には、フロントデスクの手元のボタンで開錠してあげたり、といったきめ細やかなサービスを続けていました。すると、住民の評判が高くなり、定年後も請《こ》われて同じ職場で働き続けています。

仕事以外にも、家事やボランティア、勉強など、今やっていることがあるのなら、その中にちょっとした工夫や目標をつくってみると、暮らしに張りが出ます。そうした**「小さな生きがい」**が、ストレスに負けない回復力の強い自分をつくるのです。生きがいを見つけられると、精神的にも安定し、生活の質や人間関係にもいい影響を及ぼすでしょう。

5 「つながり」はなければいけないの？

孤独は健康によくない影響を及ぼすと考えられています。

孤独になると、遺伝子の働きで免疫力が落ちたり、炎症などの不調を起こしたりするのです。

「敏感すぎる人」も、「人と群れるのが苦手」「人と過ごすと疲れてしまう」といった気質が強く出ると、**周りとなじめなくなって孤独に陥る**ことがあります。

家族や仲間に囲まれ、心理的なつながりを感じていれば、心身の健康にいい影響があることは確かです。

そうは言っても、「心理的なつながりをつくる」というのは簡単なことではありません。つながりたくても、事情があってできない人もいます。

ですが、気にすることはありません。

社会の中でしっかりした絆や居場所に恵まれていなくても、夢や希望を持って生きがいを感じながら暮らしたり、誰かの役に立つことで喜びを感じたりしていけば、**たとえ人とのつながりがなくとも、元気に暮らしていく**ことができます。

孤独でも元気でいるために

孤独をはじめ、ストレスに長くさらされると、ＣＴＲＡ遺伝子群（187ページ）の働きが強まり、免疫力も落ちてしまいます。でも、この遺伝子群の活動を弱められる「あるもの」の存在が、近年明らかになってきました。

「生きがい追求タイプ」は「快楽追求タイプ」に比べて免疫力が高く、ストレスに強い（186ページ）、ということを発見したコール博士は、「孤独というストレス下にあっても、人生に生きがいを持つことで健康に過ごせるのではないか」と考え、ある実験を行ないました[61]。

それは、孤独になりがちだと思われる高齢者108人を被験者としたもので、孤独の度合いと、生き方のタイプを尺度で測った上で、「CTRA遺伝子群」の働きを血液検査などで調べました。

その結果、確かに孤独な人は、そうでない人に比べ、ストレスに関わるCTRA遺伝子群が活発になっていました。ですが、「生きがい追求タイプ」の場合は、孤独であっても、CTRA遺伝子群の働きが抑えられていたのです。

つまり、たとえ家族や友人との絆に恵まれなかったとしても、日々の暮らしに生きがいを見いだしさえすれば、心も体も元気で過ごせるということなのです。

6 お酒に逃げていたあの頃の私へ

ここまで「生きがい追求タイプ」と「快楽追求タイプ」のお話をしてきましたが、世間には「快楽追求タイプ」のほうが多いように感じます。

職場で毎日疲れ果てて帰ってきたら、まったく違う楽しいことをして気持ちを切り替えたい、と思うのは当然のことです。

「私は快楽追求タイプだな」と思った方も、ご安心ください。この2タイプは生まれつき決まっているものではなく、**日頃の行動や考え方を変えることによって、変わっていく**のです。

それでは、どうすれば「生きがい追求タイプ」になることができるのでしょうか。

私の例を少しお話しします。

かつてお酒をストレス解消にしていた私は、健康のためにも、お酒以外の好きなことをする時間を増やそうと決めました。

英語が好きだったので、辞書なしでも読める洋書を読むことからスタート。やがて洋書は英字新聞になり、そのうち専門書も辞書を使いながら、何とか読めるようになりました。そうして「好きだから」とやっていた英語の勉強が、ＨＳＰに興味を持ち始めてから活かせるようになりました。当時は、ＨＳＰの資料のほとんどが英語のものだったのです。

あなたが「やりたい」と思っていることがすぐには叶《かな》えられないとしても、今できることはないでしょうか。どんなに小さなことでもいいのです。

「いつかは日本一周」と夢見ているのであれば、小分けに一周することにして、まずは地元をぐるっと歩いてみるのも一案です。「日帰り日本一周」と称して、日帰り旅で全国制覇を狙う手もあります。

いきなり大きなことを始める必要はありません。

「生きがいを持ちましょう」などと言われても、時間にも気持ちにも余裕のない人もいるでしょう。

好きなことを始めたくても、経済的に難しいと感じる人もいることでしょう。そもそも、自分が何を好きなのか、わからなくなってしまっている人も中にはいるかもしれません。

今の境遇で、**何となく関心を持ったことを、試しに始めてみる**ことです。まずは小さい一歩からでいいのです。

ごく小さな「一日一善」

何に対しても特に関心が湧かない、という場合は、**「誰かのために動く」ごく小さな一日一善**はいかがでしょうか。

学校や会社、近所で、きちんと挨拶をする。ポストにメモを貼って、新聞や宅配の配達員さんに、「ありがとう」のメッセージを伝える。

自然の中に出かけたらゴミを拾うというのも、そこで暮らす動植物のためにできることです。

このように、自分が本当に好きなことにちゃんと時間を取るようにしたり、あるいは、誰かを思って自分にできることを始めたりしていくと、心に潤いがよみがえり、日々、生きがいを感じながら過ごせるようになっていきます。

それが、「生きがい追求タイプ」になるための第一歩なのです。

Column

特別な力を持つ「ギフテッド」とは

知能指数（ＩＱ）が非常に高い人たちのことを、「**ギフテッド**（ギフト、贈り物を授かった人）」と呼びます。

ただ、ＩＱの高さにかかわらず、何かしらの分野で非常に優れた才能を見せる人たちも、「ギフテッド」と呼ばれます。ギフテッドは、「ある文化の中で価値があるとされる分野で高い生産性を持つ人」を指すこともあるためです。

なので、創造力が高い人、芸術的才能のある人、数学や物理など特定の教科で並外れた才能を見せる人などもギフテッドです（ＮＰＯ法人日本ギフテッド協会より）。

かの**アインシュタイン**もギフテッドの一人です。彼のＩＱは推定１６０以上と言われていて、一般人の平均100をはるかに超えています。

世界の上位2％の知能指数の高さを持つ人たちの集団、「メンサ」に入る資格を持つのが、130からとも、148からとも言われていますから、アインシュタインのIQの高さは、世界規模でずば抜けていることがわかります。

ギフテッドの特別な才能をうらやましく思う人も多いでしょうが、彼らは彼らで次のような悩みを抱えていることがよくあります。

①音や光、味や香り、肌触りや視覚などの刺激に敏感

チクチクした服に不快感を強く感じたり、騒々しい環境では落ち着かず興奮する。子供なら、学校での休憩時間の騒ぎ声や、お昼の給食や弁当の匂いに耐えられないこともある

②感情の動き（情動）が非常に強い

人や物、場所へ強い愛着を持つ。人や動物への共感力が高いあまり、他人の感情に同調したり、腹痛などの身体的不調として現われることもある。過敏で情

緒的に興奮しやすく、オーバーだと非難されがち

③道義心が強い

不公平やイジメを見すごせない。戦争問題やホームレスなど、社会問題に心をいためる。何とか解決しようとあれこれ考えるが、問題にのめり込むあまり、行きすぎた行動に出ることもある

④想像力が豊か

子供のうちは妄想《もうそう》にふけったり、物語や絵を書いたりして授業や課題に集中できないことがある。中には妄想と現実がごちゃ混ぜになってしまうケースもある(62)

アインシュタインも学校になじめず、同年代の子供と離れてひとり静かに遊ぶおとなしい子だったというエピソードがあります。感受性が非常に強く、興奮しやすい子供でもありました(63)。

ギフテッドがこうした特徴を持つのは、**脳が人と違う形で発達していったため**

ではないか、という説があります。

自閉症のコミュニケーション障害について研究する、福井大学教育地域科学部の特命教授、熊谷高幸《くまがいたかゆき》氏は、著書『天才を生んだ孤独な少年期』（新曜社）の中で、

「人は成長するにつれ、自分に必要な脳の神経結合を残し、さほど必要ではないものは刈り込んでいく（削除する）。だが中には、刈り込みがゆるかった（削除が中途半端だった）ために、間違った神経結合が起きてしまったり、刺激に過剰に反応を起こす人が出てくる」

と説いています。

「その結果、街中の音や色の洪水や、衣類のタグが肌に当たるのを苦痛に感じる人、色に音を感じるという共感覚《きょうかんかく》を持つ人などが現われる」のだとし、人とは違うこうした部分が、新しいものを創り変化を生む土台になっているのだろうと推測しています[64]。

こうしたギフテッドの特徴は、「敏感すぎる人」の特徴と非常に合致しています。

ポーランドの精神科医で心理学者のカジミェシュ・ドンブロフスキは、ギフテッドの特徴として「共感力、責任感、自己評価の低さ、自立心、創造力、シャイネス」を挙げており、どれもが敏感すぎる人の特徴と重なっているのが興味深いところです。[65]

もちろん、いくら共通点が多くても、ギフテッドは人口のわずか数パーセントであり、約20％を占めると言われる「敏感すぎる人」よりもはるかに人数は少ないでしょう。けれど、HSPの専門家であるアーロン博士は自身の見解として**「ギフテッドにはHSPが多い可能性」**について触れています。[66]

両者の関連性はまだ何も明かされていませんが、ギフテッドと呼ばれる天才たちとHSPの共通点からあるひとつの可能性を推測できます。それは、HSPが人と関わるのを苦手に思う背景には、その独創的な発想や表現力を守る働きも隠されているのかもしれないということです。

あなたが悩んでいるその性質は、あなたの個性を守るためのものかもしれないのです。

5章

「敏感な人」だけに見えている世界

——その感覚は「特別なプレゼント」

1 それは「虫の知らせ」？

「敏感すぎる人」の中には、**直観力がある人**や、**「霊感がある」**という人がしばしばいます。

たとえば、トラブルに巻き込まれる前に虫の知らせがあるとか、「家族には聞こえない声が自分だけに聞こえる」、「幽霊に遭《あ》いやすい」などといったことです。

「そういうのは気分的なものだ」と思う人もいるでしょう。

ですが、「敏感すぎる人」からは他の人には見えないものが見えたり、聞こえないことが聞こえたりする、という話はよく聞くものです。

そのことに大きな苦痛を感じ、助けを求めて治療家の元を渡り歩く人の話も聞きます。でも、そういった非科学的なことを医師に話しても、幻聴《げんちょう》や妄想ではないかと思われ、なかなか信じてもらえないことも少なくはありません。

しかし、「敏感すぎる人」のこうした**不思議体験には、れっきとした理由があるの**です。

この章では、なぜ「敏感すぎる人」は不思議な体験をしてしまうのかといったメカニズムや、もしそうした体験をしてしまった時にどう対処すればいいのかをお伝えしていきます。

2 普通の人には「見えないもの」

「不思議体験」をしてしまう原因として考えられるひとつは、**脳が敏感すぎる**あまり、超感覚的な事象にまで反応してしまう、ということです。

人間は、視覚や聴覚、触覚や嗅覚などを駆使しながら、外界のさまざまな情報を集めて身の安全を図っています。

「身体感覚が敏感な人」の話（57ページ）で、身体感覚が敏感だと、他の人が気づかないような情報もキャッチしてしまう、とお話ししました。

長沼睦雄医師は、著書『敏感すぎる自分を好きになれる本』の中で、

「人の脳や神経を刺激するのは、五感から入るものだけではありません。内臓や深部感覚などの内側からの刺激や、予感や直観、第六感、霊感などの超感覚、夢や空想、想像といった脳内のイメージなど、さまざまです。そして、それらすべての刺激がＨＳＰの敏感さの対象になるのです」

と説明しています。

人は誰でも、五感以外の感覚も総動員して、あらゆる刺激を拾い上げようとしています。

ただ、多くの人の脳は、その中から必要なものだけを感じ取るのに対し、敏感な人は、不要な刺激まで拾い上げて、多くの情報を受け取ってしまいます。それは、脳が**「他の人よりも情報を強く深く処理する」**という性質を持っているためです。

この性質のせいで、ささいなことが気になってしまい、悩んでいる人も多いことと思います。

でも、実は、それも生存戦略のひとつです。たとえば、事故などをまぬがれた人が、

「特に用事はなかったけれど、何となく、その場から離れたくなった」

と話すのを聞いたことがありませんか。

いわゆる**「虫の知らせ」「第六感」**などと言われるものは、今挙げたような無意識の情報も含めた、あらゆるデータを総合して判断したもので、特に不思議なことでもないのです。

「急に鳥肌が立つ」とき

「不思議体験」をしてしまう原因として、もうひとつ考えられるのは、身体感覚が敏感なため、**皮膚からの情報を人並み以上に読み取っている**ことです。

実は、私たちは知らない間に、皮膚からも情報を集めています。

「敏感すぎる人」の中には、波長の合う人と相対した時や誰かに心から感謝された時などに、**鳥肌が立つ**という人がいます。

それはゾッとするというより、何かを肌で感じ取るといったもので、この感覚を「天使のでこぼこ」と呼ぶ人もいます。

そもそも皮膚と脳は、どちらも細胞の同じ部分（外胚葉《がいはいよう》）からつくられました。つまり、起源が同じなのです。ただ、脳は内側に入り込み、皮膚は外側に露出しただけです。

生物がもっと単純で、脳を持たなかった頃は、皮膚で音や光を感じていたと考えられています。ただ、人は今でもその力を失ってはいないようです。

耳では聞き取れないはずの**超高周波**というものがあります。

超高周波は、熱帯雨林の自然音に豊富に含まれ、楽器では、マラカスや尺八、バリ島のガムランなどの音に含まれています。

この超高周波は、人間の脳の深部を劇的に活性化させ、リラックス時に出る脳波、**アルファ波を増加させる**ことも明らかになりました[67]。

日本では、深い森や里山の、木々のざわめきや水音、鳥や虫の鳴き声などに超高周波が含まれています。また、お寺の鐘や、風鈴の音などからも計測されています[68]。

疲れた時に、こうした音に触れると癒されるのは、超高周波のおかげかもしれません。

耳では聞き取れない音にこうして反応しているということは、人は**耳以外の部分でこの音を知覚している**、ということになります。では、いったいどこで、人はこの音を聞いているのでしょうか。

それを調べた実験をご紹介しましょう。

公益財団法人国際科学振興財団の主席研究員、大橋力氏が、次の2種類の音を被験者に聞かせ、脳波を調べました。

1　人が聞き取れる音だけ
2　耳では聞き取れない超高周波を、1の音に混ぜたもの

すると、2の超高周波を含んだ音を聞かせた場合にだけ、被験者の脳ではアルファ波の増加が認められたのです。

次に、音を通さない素材で被験者を覆《おお》ってから、さっきと同じ2種類の音を聞かせます。すると、アルファ波の増加は起きませんでした。

これで、超高周波が脳にアルファ波の増加をもたらしたのは、耳を通してではなく**皮膚**を通じてだということがわかったのです。(69)

また、**皮膚は光も感じ取っている**可能性があると言われています。

視覚障がい者は、光による体内時計の調整がうまくいかないため睡眠障害になりがちですが、強い光の照射で回復したケースが見られたのです。

生物の皮膚にはもともと、外界の情報をキャッチする力が備わっています。

人間は進化の中で、目や耳を持ち、視覚や聴覚で情報を得ることができるようになりました。それでもなお、もともと皮膚が持っていた力が残っていたとしても不思議なことではありません。

国立研究開発法人科学技術振興機構や大手化粧品メーカーで皮膚の研究を続ける傳田《でんだ》光洋《みつひろ》氏は、皮膚は、脳や末梢神経《まっしょうしんけい》を介《かい》さずに、情報処理や状況判断を行なっていて、光や音だけでなく、電場や気圧などの情報もキャッチしている可能性があると指摘しています[70]。

こうした、まだ科学的にははっきり解明されていない、**皮膚や脳の情報キャッチ力が、霊感や鳥肌などの不思議な感覚の体験につながっている**のではないかと考えられます。

3 「自分を守ろう」とすると起こること

幼少期の経験が「不思議議体験」につながることもあります。
「敏感すぎる人」の中には、子供の頃に大きなストレスを感じていた人が多いとお話ししましたが（156ページ）、それが「不思議体験」の原因となっていることも少なくないのです。

大人になってしまえば、家族とうまくいかなかったり、家で嫌なことがあったりしても、職場に行ったり友人と会えばホッとするかもしれませんし、ひとり暮らしをすることもできます。ですが、幼い子供は、自分の家が安心できる場所ではなかったとしても他に逃げ場はありません。

逃げられない状況の中で圧力や不快な刺激を繰り返し与えられると、少しでも自分を守ろうとして、心がさまざまな策をあみ出します。

自己暗示もそのひとつですし、**空想の世界**に逃げ込む人もいます。心の痛みを感じないように、**想像上の友達**に支えを見いだす人もいます。**ぬいぐるみが生きている**かのように感じる人もいます。

あまりに大きいストレスがかかると、**解離**《かいり》を引き起こすこともあります。

解離とは、簡単に言えば意識が飛んでしまうことです。

これは、「気を失う」というのとは少し違います。解離とは苦しさから逃れようと意識を外すことであって、自分が自分ではないような感覚に陥ったり、記憶が途切れ途切れになってしまったり、別人格が出てきたりといった現象が起きます[71]。

多重人格にまでなるケースは少ないと思いますが、子供の頃の記憶があまりない、という「敏感な人」は意外に多いようです。

何かの影が見えたり、「妖精や幽霊などを見た」、「体外離脱《りだつ》（自分の魂が体内から抜け出たような意識になること）を経験した」と話す人もいます。[71]

「心のダメージ」をどう逃がす？

「トラウマや虐待《ぎゃくたい》には、解離や超越体験と関わりがあることが、さまざまな分野の論文で唱えられている」と言うのは、HSPの研究者、デビッド・リチェイ博士です。

博士は「日常生活で変性《へんせい》意識（普通の感覚ではない意識。催眠や瞑想などで到達する、強い至福感やリラックス感を得られる境地のこと）になるのは、叱責や罰などから逃れようとする時などだ」と説明しています。[72] オーストラリアのクイーンズランド工科大学の実験でも、「空想傾向の強い人」には超常体験が見られやすいという結果が出ています。[73]

ささいなしつけでも、「敏感すぎる性質」の子供には大きな傷になることもあります。HSPの子供は、親が愛情から叱ってくれているのか、ただ自分のイライラを爆発させているだけなのか、何となくわかってしまいます。親の価値観に合わない行動を取ったために言うことを聞かせようと声を荒げている場合も、それが伝わってしまいます。

すると、「親は守ってくれる存在だ」という安心感が消え、「もしかして、きらわれてしまったかも」という不安が生まれます。自分が怒りのはけ口にされた悲しさや、自分の価値観を認めてもらえなかった悔しさも相まって、心にダメージを受けるのです。

そこから自身を守るために**自己暗示や空想に逃げ込んでしまったり、不可思議な感覚を体験する人**が出てくるのでしょう。

中には困難を抱える親をサポートしようと、あえて厳しい家庭環境を選んで生まれてくる子供たちがいるというとらえ方をする医師もいます。たとえば古いしきたりを打破する使命を持った子供が、古い価値観にしばられて苦しんでいる親のもとに生まれてくるのではないか、などです。[74]

ただ、想像以上の苦痛にあえぐ子供たちも多く、親に理解されなかった経験が、今度は自分の子育てに影を落としてしまうケースもあるようです。

そんな負の連鎖をストップさせるためには、まず、子供のトラブルの根底にある原因は何なのか改めて考えることが必要です。子供の心身に起こる不調は、それを知らせるための信号の意味合いもあるのではないでしょうか。

4 「人を癒す」すごい力

「敏感すぎる人」は超常現象を感じやすい、ということを証明しようとしたスウェーデンの実験があります(75)。

実験に使うのは、アイソレーションタンクという、無刺激状態をつくり出すものです。このタンクの蓋《ふた》が閉じられると、タンクの中は光も音も一切なくなり、完全な暗闇になります。このタンクの中に体温と同じ高濃度の塩水を入れ、そこに被験者に入ってもらいました。

タンクに入った被験者はこの塩水に浮かぶので、温度差や重力も感じなくなります。一切の刺激のない、「無」の状態ができあがるのです。

こうした無刺激状態が続くと、多くの人は幻覚や幻聴を体験するようになることが古くから知られていました。それを利用して、「敏感な人」が不可思議な体験感覚を感じやすいかどうかを調べたのです。

実験の結果、「敏感な人」はそうでない人に比べ、**明らかに意識レベルの変容や超常体験的感覚が多く起こる**ことがわかりました。

「感じやすさ」の表と裏

「敏感な人」のこうした性質には、実は意外なメリットが隠れているという説があります。

イアン・ウィクラマセケラ博士は、「被暗示性の高い人（催眠にかかりやすい人）は、自分の意識を変えたり、プログラムし直したりすることができる」と言っています。(76)

これは、「敏感すぎる人」が心の痛みを感じないようにする工夫なのですが、この力が**ヒーリング能力、人を癒す力**につながるかもしれない、というのです。

けれど、「ヒーリング能力があるなら活用しよう」とばかりに、その感覚をさらに研《と》ぎ澄まそうとするのは感心しません。

なぜなら「敏感すぎる人」の被暗示性の高さ（催眠にかかりやすい傾向）には、心理学的に害を受けやすいという不安要素や、体の不具合を感じやすく、感覚過敏により痛みが大きくなりがちだというマイナス面もあるからです。[76]

不思議な力に憧《あこが》れたり、超常感覚を感じたがる人も中にはいますが、ひとつ間違えるとその感覚に振り回されて精神に異常をきたしたり、元に戻れなくなることもあります。

規則正しい生活で、体が正常に働けば、必要な情報はきちんと受け取れるものです。生活を整え、体をいたわる、そして感じ取った情報をていねいに聞いてあげる――。そうしたことで必要な声はどんどん心に届くようになるでしょう。

5 なぜか「電子機器」のトラブルに巻き込まれる人

不思議体験には、**電子機器**にまつわるものもあります。

消えているテレビがいきなりつく。家電製品の寿命がやけに短く、買ったばかりなのにすぐに壊れる。パソコンや携帯電話にトラブルが起きがち。中にはパソコンのコードが発火して危ない目に遭った人もいます。

トラウマ療法を専門とするカウンセラーの大嶋信頼《おおしまのぶより》氏は、自分のカウンセリングルームに特定のクライアントが訪れると、そこにあるパソコンが不調になったり、家電が壊れたりすることがよくあると言います(77)。人の体は電気的な性質を帯《お》びているので、もしかしたら何らかの理由で家電と干渉して誤作動を起こしてしまうことがあるのかもしれません(72)。

ある知人は、パソコンや携帯電話の代替機を常に持ち、トラブルが起きても支障がないようにしています。別の知人はイライラした時など気持ちに波があるとトラブルが起きやすいことに気づき、気持ちを落ち着かせてから電子機器を使うように気をつけているそうです。

彼らは故障があってもすぐには修理に出しません。なぜなら、自分自身の気持ちが落ち着く頃には、直っていることも多いからです(78)。

「敏感すぎる人」の中には、電子機器と非常に相性が悪い人もいます。

電磁波という刺激に非常に敏感な人です。こうした性質を**「電磁波過敏症」**といいます。家電や携帯電話、家の周りにある電線や電波塔などにも反応して、体調を崩してしまいます。

もしかすると、家電や携帯電話に囲まれる生活になり、電磁波の影響が大きくなりすぎたために、体が無意識に身を守っているのかもしれません。

電磁波と「敏感な人」の関係

そもそも電磁波とは、いったい何なのでしょう。

電磁波とは、簡単に言えば、**電気が流れるところに発生するエネルギーの波**です。**「電場（電界）」**と**「磁場（磁界）」**という、2種類のエネルギーの波をあわせて「電磁波」と呼んでいるのです。

電磁波は、テレビやパソコン、携帯電話の電波として利用されています。

日本では、「電磁波環境は人体への影響が起きるレベルを超えていないので安全」と謳《うた》われていて「電磁波と不調の症状には科学的な因果関係が認められていない」という立場が取られています（環境省環境保健部環境安全課「身のまわりの電磁界について」平成29年4月）。

ただ、電磁波の危険性を示唆《しさ》する報告を受けて、日本に比べて厳しい対策を取っている国は少なくありません。

2011年に、WHO（世界保健機関）の一機関である、IARC（国際がん研究機関）が、「無線の電磁波によるがん発症の可能性」について、5段階中3番目の2B（発がん性があるかもしれない）レベルだと発表しました(79)。

これは「携帯電話を1日30分、10年以上続けて使った場合、グリオーマという脳のがんにかかる危険度が40％増加する」というデータをもとにしたものです。どちらか一方の耳でばかり使用していると、がんにかかるリスクが高まるという警告もあります(80)。

その他にも、各国に住宅や病院、学校などの近くに高圧線は設置できないという条例や、緊急時以外は携帯電話の使用を控えるようにという通達などがあり、中には16歳未満の国民に携帯電話の使用を禁じている国もあります(81)。

こうした発がんなどの危険性は、科学的には実証はされてはいませんが、原因不明の不調が、電磁波対策で軽減したというケースを知る治療家たちも少なくありません。

電磁波が人体におよぼす影響について考える前に、飛行機を例にとってみましょう。

飛行機では、機内機器の誤作動を防ぐために、電子機器の利用が制限されます。みなさんも、飛行機に乗る時にはスマートフォンの電源を切ったり、機内モードに切り替えたりするでしょう。

実は、人間は体を維持していくために、電気を利用しています。ぴんとこない方もいるかもしれませんが、脳波や心電図を思い浮かべるとわかりやすいと思います。これらは、体の電気信号を利用したものなのです。

人の体も、飛行機と同じように、電気製品や携帯電話の基地局などから電磁波の影響を日常的に受け続けていれば、体内の電気信号システムにトラブルが起きてしまうこともあるかもしれません。

また、**電磁波は活性酸素を発生させる**ことがわかっています。[82] それを放っておくと、体が「サビ」て病気になってしまうのです。

そうならないために、人は体にある大量の酵素を使って解毒《げどく》しているのですが、生涯で使える酵素の量は決まっているため、酵素の大量消費はその人自身の寿命を縮めます。[48]

ただ、電磁波が人体にもたらす影響については多くの意見があり、まだ危険性があるとはっきりわかったわけではありません。

私は、このように評価が分かれるものは、自ら確かめた上で自分なりの対処法を決めるのが納得のいくやり方ではないかと思っています。

できる範囲で電磁波の影響を小さくして、心や体の変化をご自身で観察してみてはいかがでしょうか。

次の項目で、電磁波を防ぐ対策をご紹介します。

6 電磁波との上手な付き合い方

電磁波対策として、私が行なっているのは**携帯電話や電気製品とできるだけ距離を取る**ことです。離して使うだけで、電磁波の体への影響はかなり減らせます。**携帯電話**はイヤホンやスピーカー機能を活用すれば、直接耳に当てないですみます。

距離を取れない**電気毛布や電気カーペット**は、事前に温めておき、使う際にスイッチを切るか電源プラグを抜くといいでしょう。私は、天然化石サンゴを主原料にした遠赤外線の毛布を使っています。日中も、その毛布でできたポンチョをかぶっていればポカポカ暖かいので、暖房はほとんど使わなくなりました。

電気製品の一切ない寝室は、ブレーカーをいつも落としたままにしています。これで、壁や天井配線から受ける電気の影響もゼロになりました。照明には、ソーラー電池と乾電池で明かりがつくランタンを使い、防災も兼ねています。

ノルウェー公衆衛生研究所は、電磁波の人体への影響が科学で実証されていないとしても、症状が実際に表われている以上、この問題を深刻に受け止めるべきだと説いています。

もし、原因不明の不調が続いているようなら、それは電磁波のせいかもしれません。試しに、このような「ちょっとした工夫」で電磁波の影響を減らしてはいかがでしょうか。

たまには「素足」で地面に降りてみる

ここまで電磁波を防ぐ方法についてお話ししてきました。

地面に素足で触れてみる

では、すでに電磁波から影響を受けてしまった体を、健康な状態に戻す方法はないのでしょうか。

「電磁波から受けた影響は、体から落としていけばいい」と、唱えている人がいますので、ご紹介しましょう。

代替療法の一つ、エネルギー療法を提唱するジェームズ・L・オシュマン博士は「電気的な性質を備えている人間は、**土や芝生、砂浜など大地に直接触れることで、体を自然な電気状態に回復させることができる**」と言います[78]。

これは、冷蔵庫などの家電でアースを

取るのと同じ原理です。

ですが、現代社会では、多くの人が土と切り離された生活を送っています。意識して大地とつながる工夫をする必要があるのです。

たまには近所の公園に出かけ、散歩がてら、ちょっとだけ靴を脱いで土や芝生を素足で感じてみてはいかがでしょうか。**自然に触れる**のは心地よく、リラックスできるものです。

また、腸内細菌にも、電磁波によって増えてしまった活性酸素を退治する働きがあります。本書で紹介したお腹ケアの方法（118ページ）の中で、できそうなものがあれば、試してみてください。

Column

HSPとADHD

普段の暮らしの中で、刺激に過剰に反応したり、やたらと刺激を避けようとしたりするＨＳＰは、不安が強く落ち着かない人に見えます。

中には、**ADHD**（注意欠陥・多動性障害）や不安障害に誤診されるケースもあるようです。

ですが、これらとＨＳＰはまったく別のものです。

ＨＳＰとＡＤＨＤの違いを判断するひとつの目安は、**自宅での様子を見るこ**とだとアーロン博士は著作『心理療法とＨＳＰ（Psychotherapy and the Highly Sensitive Person）』（Routledge）に記しています。

HSPなら刺激の少ない慣れた自宅と、刺激の多い学校や会社とで様子が違いますが、ADHDにはそういう違いが見られません。

確かに刺激が多すぎて神経が高ぶりすぎると、HSPは注意欠陥、多動といったADHDにもみられる行動を見せることがあります。しかし、アーロン博士はこれらは刺激に対するHSPの反応であり、ドーパミン過剰を原因とするADHDとは違うのだと言います。

アーロン博士が示す、ADHDとHSPを区別するもっとも重要なポイントは**「静かな場所で集中していられるかどうか」**です。

「ほとんどのADHDは、静かな場所で集中していることが難しく、むしろ少しくらい雑音があったほうが集中できるかもしれない。それに対しHSPは、静かな場所で、神経が高ぶっていない時に、もっとも優れた集中力を発揮する」

と言います。

不安障害は、ＨＳＰと同様に周囲に合わせようと無理をしたりせず、刺激の多い状況を上手に避ければ、症状はおさまってくるとアーロン博士は説いています。

刺激のコントロールによって、症状が改善できる可能性があると思うだけで、ラクになる人は多いでしょう。

おわりに

「敏感さ」が連れてきてくれるたくさんのもの

どんな生き物にも、生きていく上での知恵が備わっています。
もしあなたが「敏感すぎる」という特徴を持っているとしても、**その「敏感さ」は、そんな知恵のひとつにすぎない**、と考えてみてください。

たとえば、添加物が入った食べ物は体が受け付けない、という人がいます。
添加物の入っていない自然食品は高価で、無農薬野菜を家庭菜園でつくろうとしても、手間がかかるものです。そんな人は、何かと不便を強いられていることでしょう。

でも、なるべく体が喜ぶものを食べ続けていると、やがて体が整えられ、添加物を平気で食べていた人よりも健康になっていきます。免疫力も高まり、感染症などからも身を守れるようになるでしょう。

このように「敏感すぎる」ことにはいい面もありますが、一方で、「敏感さ」が高じて会社や学校になじめず、浮いてしまったり、通えなくなったり、といった苦労は、なかなかプラスには受け止めがたいものです。

多くの人は、こうした状況から少しでも早く抜け出そうともがきます。

「どうしたら、学校や会社になじめるようになるかな」

と、「世間」「社会」といった決められた枠の中に何とか入っていこうとするのです。

でも、こう考えてみてはいかがでしょうか。

自分が「世間」や「社会」になじめないのは、その違和感に「敏感さ」がいち早く気づいて、拒否反応が起きているからなのだ、と。

もしそうだとしたら、**枠の中に入ろうとするよりも、もっと自分にぴったりの**

別の居場所を探してみるほうがいいのかもしれません。新しい場所を探そうとすると、初めのうちは、なかなか自分を信じてあげられないかもしれません。ですが、そんな迷い道や道草も含めて、人生だと割り切ればいいのです。

「敏感だ」ということは、「いいものを見分ける力がある」ということでもあります。それなのに、周りに合わせようとして、自分らしさを押し隠して頑張り続けていると、心や体が自分を守ろうとして、緊急信号を発するようになります。

これに対処しないでいると、ある時突然、**心や体が強制シャットダウンしてしまう**かもしれません。

「敏感すぎる人」は、体調を崩す、頭の中がいっぱいになる、などの心や体からの緊急信号を受け取るたびに、
「どうして私はこうなってしまうのかな」
「なんで他の人のようにできないのかな」

と考えてしまいがちです。

「敏感すぎる人」には、まじめで頑張り屋さんな方がとても多くいます。そういう人ほど、「自分を甘やかしてはいけない」と思ってしまうものです。

でも、こうしたメッセージを受け取るということは、「本当の自分の場所」について考えるための絶好のチャンスです。

強制シャットダウンしてしまう前に、心と体が、いったい何を伝えようとしているのかに耳を傾けてあげてください。


あなたの苦しみや生きづらさが、少しでも小さくなりますように。そして生きがいを感じながら日々を生きていけますように。心から祈っています。

最後になりますが、本書の監修を快くお引き受けくださった長沼睦雄先生、専門家ならではの視点で数々のアドバイスを下さった中島健一郎先生のお二方には、言葉には尽くせないほどの、多大なお力添えを頂戴しました。心から感謝しています。

そして、数ある本の中から、この本を選んでくださったあなたにも、心からお礼申し上げます。本当にありがとうございました。

苑田純子

Mystical Experiences during Sensory Isolation in Flotation Tank: Is the Highly Sensitive Personality Variable of Importance? Imagination Cognition and Personality 29(2): 135-146. October 2009
76 Wickramasekera, I.E. (1986) A Model of People at High Risk to Develop Chronic Stress-Related Somatic Symptoms: Some Predictions. Professional Psychology: Research and Practice, Vol.17, No.5, 437-447
Wickramasekera, I.E. (1988) Clinical Behavioral Medicine. Plenum Press.
77 大嶋信頼（2015）それ、あなたのトラウマちゃんのせいかも？ 青山ライフ出版
78 Oschman, J.L.（2004）エネルギー医学の原理 帯津良一監修 橋本純子翻訳協力 エンタプライズ
79 IARC Classifies Radiofrequency Electromagnetic Fields as Possibly Carcinogenic to Humans International Agency for Research on Cancer, Press Release No.208
80 A Rationale for Biologically-based Exposure Standards for Low-Intensity Electromagnetic Radiation. Cell Phone Radiation Study Confirms Cancer Risk. Bioinitiative 2012 サイト http://www.bioinitiative.org/cell-phone-radiation-study-confirms-cancer-risk/
81 電磁波市民研究会編著（2006）暮らしの中の電磁波測定 緑風出版
82 坂部貢・羽根邦夫・宮田幹夫（2012）生体と電磁波 丸善出版

Emotional Needs of the Gifted Newsletter, Sep. 14, 2011. http://sengifted.org/overexcitability-and-the-gifted/
63 D.J.レイン（2015）「アインシュタインと相対性理論」ないとうふみこ訳 玉川大学出版部
64 熊谷高幸（2015）「天才を生んだ孤独な少年期」新曜社
65 Nelson, K. (1989) Dabrowski's Theory of Positive Disintegration. Advanced Development Journal. Vol.1 Jan, 1989
66 The Highly Sensitive Child (and Adults, Too): Is Sensitivity the Same as Being Gifted? アーロン博士のサイト https://hsperson.com
67 大橋力ら（2003）可聴域をこえる超高周波成分の信号構造が音の受容反応に及ぼす影響の複合評価指標による検討 日本バーチャルリアリティ学会論文誌 8(2), 213-220, 2003-06-30
68 関西学院大学リポジトリ（2018）『教職教育研究センター紀要23号 p67-69「環境教育と里山の音響効果について」中西敏昭』
69 Oohashi, T. et al. (2006) The Role of Biological System Other than Auditory Air-conduction in the Emergence of the Hypersonic Effect. Brain Research. Volumes 1073–1074, 16 February 2006, Pages 339–347
70 傳田光洋（2015）驚きの皮膚 講談社
傳田光洋（2013）皮膚感覚と人間のこころ 新潮社
71 柴山雅俊（2007）解離性障害―「後ろに誰かいる」の精神病理―筑摩書房
72 Ritchey, D. (2003) The H.I.S.S. of the A.S.P.: Understanding the Anomalously Sensitive Person. Headline Books.
73 Gow, K. et al. (2004) Fantasy Proneness, Paranormal Beliefs and Personality Features in Out-of-body Experiences. Contemporary Hypnosis Vol.21, Issue.3, 2004, pp, 107-125
74 南山みどり（2012）池川明監修 わが子が育てづらいと感じたときに読む本 ビジネス社
75 Kjellgren, A. et al. (2009) Altered States of Consciousness and

Conformity and Independence during Mental Rotation. Biological Psychiatry. 2005 Aug 1; 58(3):245-253
53 Long, C.R.&Averill, J.R. (2003) Solitude: An Exploration of Benefits of Being Alone. Journal for the Theory of Social Behaviour. Vol.33, Issue. 1, pages. 21- 44, March, 2003
54 Cain, S.（2013）内向型人間の時代 古草秀子訳 講談社
55 Ritter, S.M. &Dijksterhuis, A. (2014) Creativity-the Unconscious Foundations of the Incubation Period. Frontiers in Human Neuroscience. 2014; 8: 215.
56 Aron, E., Aron, A., Jagiellowicz, J. (2016) Relationship between the Temperament Trait of Sensory Processing Sensitivity and Emotional Reactivity. Social Behavior and Personality: An international journal Vol.44, No.2 (2016)
Aron, E. (2010) Psychotherapy and the Highly Sensitive Person. Routledge
57 イルセ・サン（2017）心がつながるのが怖い 愛と自己防衛 ディスカヴァー・トゥエンティワン
58 Jaeger, B (2005) Making Work Work for the Highly Sensitive Person. McGraw-Hill Education
59 Fredrickson, B.L&Cole, S.W et al. (2013) A Functional Genomic Perspective on Human Well-being. Proceedings of the National Academy of Sciences of the United States of America. Vol.110, No.33, 13684-13689, Aug, 2013
60 Aron, E. (2014) Why HSPs' Tendency to Worry about the Real Meaning of our Life may Make us Healthier. アーロン博士のサイト https://hsperson.com
61 Cole, S.W. et al. (2015) Loneliness, Eudemonia, and the Human Conserved Transcriptional Response to Adversity. Psychoneuroendocrinology, Vol.62, Pages11-17, 2015
62 Lind, S. (2011) Overexcitability and the Gifted. Supporting the

37 Heenan, A. Troje N.F. (2014) Both Physical Exercise and Progressive Muscle Relaxation Reduce the Facing-the-Viewer Bias in Biological Motion Perception. PLOS ONE 9(7): e99902.
38 Byun, K.et al. (2014) Positive Effect of Acute Mild Exercise on Executive function via Arousal-related prefrontal activations: An fNIRS study. NeuroImage, 2014Sep; 98: 336-345
39 福土審（2007）内臓感覚 脳と腸の不思議な関係 NHK 出版
40 有田秀穂（2009）基礎医学からリズム運動がセロトニン神経系を活性化させる 日本医事新報 No.4453, pp 38-42, 2009-08-29
41 北村昌陽（2011）カラダの声をきく健康学 岩波書店
42 O'Mahony, S.M. et al. (2015) Serotonin, Tryptophan Metabolism and the Brain-gut-microbiome Axis. Behavioural Brain Research (2015) Vol.277; 32-48.
43 Fleischauer, A・T&Arab L. (2011) Garlic and Cancer: A Critical Review of the Epidemiologic Literature. The Journal of Nutrition 2001; 131(3s): 1032S-1040S.
44 鶴見隆史・神崎夢風（2013）食事を変えれば病気は治る 三和書籍
45 小林弘幸（2014）人生を決めるのは脳が１割、腸が９割！ 講談社
46 Reardon, S (2014) Gut-brain Link Grabs Neuroscientists. Idea that Intestinal Bacteria Affect Mental Health Gains Ground. Nature. Vol.515, Issue.7526, 175-177(13 November 2014)
47 Schmidt C. (2015) Mental Health: Thinking from the Gut. Nature. Vol.518, Issue. 7540, S12-15 (26 Feb 2015)
48 鶴見隆史（2013）腸は酵素で強くなる！ 青春出版社
49 宇都宮洋才監修（2014）梅干し力 主婦の友社
50 藤田紘一郎（2014）腸が寿命を決めている 海竜社
51 Aron, E.（2008）ささいなことにもすぐに「動揺」してしまうあなたへ。冨田香里訳 SB クリエイティブ
52 Berns G.S. et al. (2005) Neurobiological Correlates of Social

311, 38-45 (2014)
26 Kabat-Zinn, J. (1990) Full Catastrophe Living: Using the Wisdom of Your Body and Mind to Face Stress, Pain, and Illness. Random House Publishing Group.
27 Carlson, L.E. (2012) Mindfulness-based Interventions for Physical Conditions: A narrative review evaluating levels of evidence. International Scholarly Research Notices Psychiatry, Volume 2012, Article ID 651583, 21 pages
28 Soons, I. et al. (2010) An Experimental Study of the Psychological Impact of a Mindfulness Based Stress Reduction Program on Highly Sensitive Persons. Europe' s Journal Psychology. Vol.6, No.4, (2010) pp148-169
29 Fox, E.（2014）「脳科学は人格を変えられるか？」森内薫訳 文藝春秋
30 吉田昌生（2015）マインドフルネス瞑想入門 WAVE 出版
31 山田茂人著 貝谷久宣・熊野宏昭編 マインドフルネス・瞑想・坐禅の脳科学と精神療法 精神医学 50 巻 6 号 2008 年 6 月 624 ページ
32 Orloff, J. Life Strategies for Sensitive People http://www.drjudithorloff.com/judith-orloffs-shop/downloadable-products/ life-strategies-for-sensitive-people オルロフ博士のサイトよりダウンロード購入
33 Orloff, J.（2006）ポジティブ・エネルギー 矢鋪紀子訳 サンマーク出版
34 Orloff, J. (2009) Emotional Freedom. Three Rivers Press.
35 Aron, E., Aron, A., Jagiellowicz, J. (2012) Sensory Processing Sensitivity: A Review in the Light of the Evolution of Biological Responsivity. Personality and Social Psychology Review. 2012 Aug; 16(3): 262-282.
36 Author' s Note 2012, for the Highly Sensitive Person. アーロン博士のサイト https://hsperson.com

Region in the Japanese. Journal of Human Genetics. 1999; 44(1): 15-7.
12 山本潤一（2016）不安遺伝子を抑えて心がす〜っとラクになる本 秀和システム
13 Chen, C. et al. (2011) Contributions of Dopamine-Related Genes and Environmental Factors to Highly Sensitive Personality: A Multi-Step Neuronal System-Level Approach. PLOS ONE, 2011; 6(7): e21636.
14 Hartman, E. (1991) Boundaries in the mind:A New Psychology of Personality. Basic Books.
15 Aron, E. et al. (2014) The Highly Sensitive Brain: An fMRI Study of Sensory Processing Sensitivity and Response to Other’s Emotions. Brain and Behavior. 2014 Jul; 4(4): 580-594
16 Ramachandran, V.S.（2013）脳のなかの天使 山下篤子訳 角川書店
17 Author’s Note, 2014 アーロン博士のサイト https://hsperson.com
18 Fox, E.（2014）脳科学は人格を変えられるか？ 森内薫訳 文藝春秋
19 Belsky, J.&Pluess, M. (2009) Beyond Diathesis Stress: Differential Susceptibility to Environmental Influences. Psychological Bulletin. 2009, Vol.135, N o.6, 8 85-908
20 Licht, C.L. et al. (2011) Association between Sensory Processing Sensitivity and the 5-HTTLPR Short/Short Genotype. Center for Integrated Molecular Brain Imaging. Society of Biological Psychiatry meeting. DOI:10.1016/j.biopsych.2011.03.031
21 杉晴夫（2008）ストレスとはなんだろう 講談社
22 Rempala, D.M. (2013) Cognitive Strategies for Controlling Emotional Contagion. Journal of Applied Social Psychology, 2013, 43(7), 1528-1537
23 日経サイエンス 2015年1月号 特集「瞑想する脳」
24 Kabat-Zinn, J.（1993）生命力がよみがえる瞑想健康法 実務教育出版
25 Ricard, M. et al. (2014) Mind of the Meditator. Scientific American,

【引用文献】

1 Jamieson, J.P, Mendes, W.B. et al (2012) Mind over Matter: Reappraising Arousal Improves Cardiovascural and Cognitive Responses to Stress. Journal of Experimental Psychology. General, 2012, Aug; 141(3): 417-422
2 立谷泰久・三村 覚・村上貴聡・楠本恭久・石井源信（2008）試合中の「セルフトーク・暗示」の心身への影響に関する実験的研究 スポーツ心理学研究 2008 年 第 35 巻 第 2 号 15-25 頁
3 前田重治（1966）自己暗示療法（シンポジウム・Ⅱ 心身症の治療）（第 5 回日本精神身体医学会九州地方会）精神身体医学 6(4), 256, 1966-08-01 一般社団法人日本心身医学会
4 多湖輝（2015）催眠術入門　ゴマブックス
5 Spiegel, D. &Jiang, H. et al. (2016) Brain Activity and Functional Connectivity Associated with Hypnosis. Cerebral Cortex, Published by Oxford University Press, July 28, 2016
6 Gubb, K. et al. (2006) Clinical Vamprism: A Review and Illustrative Case Report. South AfricanPsychiatryReview 2006; 9(3): 163-168
7 Suomi, S.J. (1991) Up-tight and Laid-back Monkeys: Individual Differences in the Response to Social Challenges. Plasticity of Development (Chapter3, p.37). The MIT Press
8 Kagan, J. (1994) Galens' Prophecy: Temperament in Human Nature. Basic Books.
9 Sand, I. (2016) 鈍感な世界に生きる敏感な人たち 枇谷玲子訳 Discover21
10 Lesch, K.P. et al. (1996) Association of Anxiety-Related Traits with a Polymorphism in the Serotonin Transporter Gene Regulatory Region. Science, Vol.274, No.5292, pp. 1527-1531, Nov.29, 1996
11 Murakami, F. et al. (1999) Anxiety Traits Associated with a Polymorphism in the Serotonin Transporter Gene Regulatory

本書は、トリアより刊行された『敏感すぎる人が快適に生きる本』を、
文庫収録にあたり加筆・改筆・再編集のうえ、改題したものです。

ちょっと「敏感《びんかん》な人《ひと》」が気持《きも》ちよく生《い》きる本《ほん》

著者　苑田純子（そのだ・じゅんこ）
監修者　長沼睦雄（ながぬま・むつお）
発行者　押鐘太陽
発行所　株式会社三笠書房
〒102-0072 東京都千代田区飯田橋3-3-1
電話　03-5226-5734（営業部）03-5226-5731（編集部）
https://www.mikasashobo.co.jp
印刷　誠宏印刷
製本　ナショナル製本

 ISBN978-4-8379-6948-8 C0130

王様文庫